10 ARMADILHAS
QUE DETONAM A DIETA DE UMA MULHER

10 ARMADILHAS QUE DETONAM A DIETA DE UMA MULHER

GANHE SAÚDE E BELEZA EVITANDO PEQUENAS TENTAÇÕES

Elizabeth Somer

TRADUÇÃO DE

Irati Antonio

REVISÃO TÉCNICA

Anna Hartman

Editora Gente

Editora
Rosely M. Boschini
Assistente editorial
Rosângela Barbosa
Capa
Marcelo S. Almeida
Projeto gráfico
Neide Siqueira
Copidesque
Gilberto Cabeggi
Preparação
Alessandra J. Gelman Ruiz
Revisão
Valquíria Della Pozza
Diagramação
Join Bureau

Rua Pedro Soares de Almeida, 114
São Paulo, SP - CEP 05029-030
Telefone: (11) 3670-2500
Site: http://www.editoragente.com.br
E-mail: gente@editoragente.com.br

Dados Internacionais de Catalogação na Publicação (CIP)
(Câmara Brasileira do Livro, SP, Brasil)

Somer, Elizabeth
10 armadilhas que detonam a dieta de uma mulher : ganhe saúde e beleza evitando pequenas tentações / Elizabeth Somer ; tradução Irati Antonio. – São Paulo : Editora Gente, 2007.

Título original : 10 habits that mess up a woman's diet.
Bibliografia.
ISBN 978-85-7312-540-5

1. Dietas para emagrecer 2. Dietética 3. Emagrecimento 4. Mulheres – Saúde 5. Nutrição I. Título.

07-1265 CDD-613.0424

Índices para catálogo sistemático:

1. Mulheres : Dietas : Promoção da saúde 613.0424

Aos meus filhos, às minhas duas irmãs,
aos meus melhores amigos, às minhas sobrinhas e amigas,
e aos homens que as amam.
Agradeço todos os dias por tê-los em minha vida.

AGRADECIMENTOS

Agradeço aos leais parceiros que têm me acompanhado em muitos livros: ao meu querido amigo e agente, David Smith, à minha editora e companheira de muitos passeios de bicicleta, Deborah Brody, e à minha assistente de pesquisa, Victoria Dolby Toews.

Meus agradecimentos especiais também aos amigos, familiares, clientes, instrutores, atletas e alunos que tão generosamente ofereceram suas histórias, observações e confissões, que estão registradas neste livro.

Mais importante do que tudo, agradeço aos meus filhos, Lauren e Will, que foram muito pacientes com sua mãe à medida que ela se aproximava da conclusão de mais um trabalho.

Sem o conhecimento e as pesquisas de alguns dos melhores cientistas e especialistas em Nutrição dos Estados Unidos, e sua disposição em responder às minhas perguntas, eu não poderia ter escrito este livro nem qualquer um dos meus mais de trezentos artigos publicados em revistas e em outros livros ao longo de todos esses anos. Meu sincero muito obrigada a todos eles.

SUMÁRIO

PRÓLOGO

Você já não suporta mais se preocupar com seu peso ou sua saúde?

Sente-se frustrada e aborrecida por tentar uma dieta atrás da outra, perder peso apenas no começo, beliscando salsão e barras de cereal ou queijo *light* e leite desnatado, para depois engordar tudo de novo e, de quebra, ganhar alguns quilinhos?

Sempre quis saber por que você come as mesmas coisas que suas amigas, mas elas são magras e saudáveis e você não?

Você chega a duvidar que tenha força de vontade para seguir um programa de alimentação saudável até o fim?

Alguma vez já pensou em simplesmente desistir das dietas e conviver com o aumento gradual de peso, que parece ser a sua sina?

Se sua resposta a essas perguntas for sim, então você deve possuir a carteirinha de sócia de um distinto clube chamado "Mulheres".

Como toda mulher, você alguma vez na vida já tentou se alimentar melhor, ou perder peso, e fracassou. Fazer regime é nosso passatempo, nossa ruína e nossa obsessão. Além disso, apesar de décadas de regimes, centenas de dietas diferentes e bilhões de tentativas para perder os quilos a mais, as mulheres, de maneira geral, estão mais do que nunca acima do peso.

Dez armadilhas que arruínam nossa vida

Talvez se preocupar constantemente com o que se come, alternar várias vezes entre dietas pobres em carboidratos e dietas sem gordura, colecionar fórmulas milagrosas e pílulas para emagrecer não seja a solução. Aposto meu diploma de Nutrição que a verdadeira razão pela qual você ainda não perdeu aquele peso extra – sejam 2, 20 ou 70 quilos – tem mais a ver com um ou dois hábitos que você, inconscientemente, pratica todos os dias. É provável que nem mesmo saiba quanto esses hábitos, verdadeiras armadilhas, consomem seus melhores esforços para ser a mulher esbelta, saudável, cheia de energia e maravilhosa que você nasceu para ser.

Conheço esses hábitos intimamente. Existem dez deles. Quando eu os compreendi, passei a ajudar as mulheres – e tenho feito isso há 25 anos – a reconhecer e a corrigir um ou mais desses pequenos hábitos, para que elas finalmente emagreçam e obtenham resultados melhores também em seus exames médicos.

Tomemos o caso de Laura, que jurou que não comia nada além de vegetais, embora mais tarde tenha percebido que ingeria centenas de calorias a mais todos os dias beliscando as sobras do sanduíche de presunto e maionese, do macarrão ao molho de queijo e das batatas fritas de seus filhos ao limpar a mesa (ver Armadilha nº 1: Comer sem pensar).

Outra de minhas clientes não era capaz de perder peso, apesar de todo o seu esforço, até que por fim admitiu que não tinha sido completamente sincera sobre a quantidade de exercício físico que fazia (ver Armadilha nº 3: Não ser honesta).

Salete havia tentado várias dietas para emagrecer rapidamente, mas só perdeu peso de maneira permanente quando parou de fazer regime e começou a cuidar bem de si mesma (ver Armadilha nº 8: Preciso de uma solução rápida agora!).

Depois, atendi Nanci, que não fazia idéia de que seu drinque favorito, martíni com azeitona, continha calorias equivalentes a um pedaço de pizza; na soma de todo o seu consumo diário de comida, havia calorias a mais suficientes para impedi-la de perder os últimos 2 quilos que faltavam (ver Armadilha nº 9: Bebendo nossa boa forma).

Se você tem alguma dúvida de que um ou mais desses hábitos podem ser a armadilha que a impede de emagrecer, pare um instante e responda "sim" ou "não" às seguintes questões:

- Alguma vez você beliscou o prato do seu companheiro, experimentou a comida enquanto cozinhava, devorou um bolo inteiro ou comeu alguma coisa diretamente do pote que estava na geladeira?
- Você acha difícil resistir ao segundo ou terceiro prato em festas ou jantares?
- Já terminou uma refeição muito bem servida em um restaurante, sentiu-se desagradavelmente cheia e se perguntou por que comeu tanto?
- A idéia de que você deveria incluir pelo menos oito porções de frutas, legumes e verduras em sua dieta diária lhe parece um exagero?
- Você já pulou refeições, alimentou-se irregularmente ou fracassou em atingir seu objetivo de "comer melhor"?
- Alguma vez, já se pegou dizendo "Não tenho tempo para fazer exercícios" ou "Fiz regime, mas não consigo manter o peso"?
- Você tem tendência a afogar as mágoas em um pacote de batatas fritas ou em um pote de sorvete?
- No ano passado, experimentou mais de um tipo de dieta, como a pobre em carboidratos, a da combinação de alimentos ou a dieta da sopa?
- Chega a beber mais de sete copos de refrigerante, ou doses de bebidas alcoólicas, em uma semana, ou seja, mais de um por dia?
- Você considera que está seguindo um regime?

Caso tenha respondido "sim" a uma ou a todas essas perguntas, você deve conhecer bem os hábitos que diminuem as chances de muitas mulheres de verem na balança o peso de seus sonhos ou de ouvirem do médico que sua saúde está perfeita.

Você não está sozinha. Quase todas nós fazemos isso. Dizemos que queremos ser magras e atraentes, comer corretamente para que nossa pele fique viçosa e nosso cabelo brilhe, fazer exercícios para ter mais energia e diminuir o risco de doenças cardiovasculares, diabetes ou câncer.

Experimentamos uma dieta atrás da outra, fracassamos repetidamente e colocamos a culpa em nossa pouca força de vontade, em nosso metabolismo lento ou no destino. No entanto, a verdadeira razão de falharmos é um ou dois hábitos que, secretamente, sabotam nossos esforços.

Esses dez hábitos são sutis. Com freqüência, operam de modo inconsciente; por isso, nem sequer sabemos que damos um passo para trás a cada novo avanço que fazemos. Além disso, eles agem como nosso pior inimigo ao afetarem nossas metas de saúde e de controle de nosso peso.

Amor verdadeiro, corpo saudável

Toda mulher precisa de uma boa amiga que lhe diga a verdade, não importa qual seja: alguém para avisá-la, por exemplo, que um pedaço de papel higiênico está preso em seu salto, antes de sua entrada triunfal naquela tão esperada festa.

O objetivo de *10 Armadilhas que Detonam a Dieta de uma Mulher* é ser como a sua melhor amiga, que honestamente lhe diz a verdade como ela é: você pode emagrecer e recuperar sua saúde e energia desde que seja honesta consigo mesma sobre alguns pequenos hábitos que cultiva.

Mas respire aliviada. Cada um desses hábitos pode ser corrigido. Nas páginas que se seguem, você descobrirá quais deles precisam ser revistos. Conhecerá histórias de mulheres iguais a você, que transformaram a vida fazendo alguns simples ajustes em sua maneira de pensar e no seu comportamento. Também irá montar um programa só para você, a partir de passos simples que são sugeridos aqui, para que possa acabar com a auto-sabotagem e perder peso.

Adote os passos sugeridos neste livro e atingirá seus objetivos. Com certeza, você vai parecer e se sentir melhor. Quem sabe, poderá até voltar a vestir os *jeans* dos tempos de colégio ou aquele tubinho preto guardado há muito tempo no armário!

INTRODUÇÃO

O que acontece com a dieta das mulheres

Pense em seus hábitos alimentares. Como você os classificaria? Escolha a opção que melhor descreve a sua rotina de alimentação:

a) Ótima. Dou preferência a alimentos saudáveis quase todo o tempo.
b) Boa. Dou preferência a alimentos saudáveis boa parte do tempo.
c) Regular. Minhas preferências por alimentos não saudáveis provavelmente superam um pouco as opções mais saudáveis.
d) Ruim. Minha dieta é uma verdadeira catástrofe alimentar. Adoro *fast-food*, salgadinhos e batatas fritas; nada parecido com alimentos saudáveis chega perto da minha boca.

Se você é como a maioria das mulheres, é provável que tenha classificado sua dieta entre "ótima" e "boa". Nos Estados Unidos, de acordo com uma pesquisa feita pelo Instituto Gallup a pedido dos Vigilantes do Peso e da Associação Dietética Americana, 90% das mulheres acreditam que sua dieta é razoavelmente saudável. Mas a verdade é que quase todas estão se iludindo. A mais recente pesquisa sobre os hábitos alimentares dos norte-americanos descobriu que apenas uma pessoa em cada cem apresenta padrões mínimos de uma dieta balanceada; os outros 99% estão longe do ideal. E, de acordo com um estudo do Departamento de Agricultura dos Estados Unidos (USDA) sobre mulheres que classificaram sua dieta rotineira como excelente, menos de 19% se alimentam, de fato, de maneira adequada.

Se você quer ser o mais saudável possível e perder o excesso de peso, se realmente está disposta a mudar para melhor, este é o momento de encarar a realidade e ser honesta sobre o que você come. O Guia da Pirâmide Alimentar, na figura I.1, indica como uma dieta saudável deve ser: grãos, cereais, frutas, verduras e legumes representam o maior percentual, seguidos por quantidades moderadas de leite e seus derivados, com baixos teores de gordura, e carnes magras. Só que não é assim que a maioria das mulheres se alimenta. Ao contrário, ingerimos grandes quantidades de açúcar, gordura e grãos refinados e dispensamos legumes, frutas, laticínios com pouca gordura e outros alimentos nutritivos. Assim, não é nenhum segredo o motivo de ganharmos peso. Grande parte do problema é a comida que escolhemos. Se nos compararmos com a geração de nossos pais, consumimos hoje muito mais açúcar, grãos refinados, comida processada ou *fast-food*.

Figura I.1

- **Açúcares:** Se você é como muitas mulheres, fica vulnerável quando se sente triste ou deprimida e também durante os dez ou catorze dias que antecedem o período menstrual geralmente ingere 20% a mais de calorias que provêm de gorduras e açúcares!
- **Grãos e cereais:** A quantidade de pães, bolos, biscoitos, arroz e massas que consumimos está, em geral, acima do recomendado. Além disso, nos restaurantes as massas são servidas em travessas, não em pratos. Portanto, não é surpresa que o consumo médio diário de grãos seja excessivo, a maioria composta por cereais refinados e sem valor nutritivo.
- **Gorduras:** Por vários anos, reduzimos um pouco a ingestão de gordura. Mas essa tendência está ultrapassada. Com as dietas pobres em carboidratos na última moda, o consumo de gordura voltou a crescer, aumentando o risco de doenças do coração, câncer e outros males.
- ***Fast-food*:** Esse tipo de alimento, juntamente com a comida pronta que compramos no supermercado, é preparado à base de açúcar e gordura e sacia menos a fome.O tamanho das porções também é maior, de modo que comemos mais, ingerindo calorias desnecessárias antes mesmo de nos sentirmos satisfeitas.

Quanto mais comida industrializada e refinada as mulheres consomem, maior é a probabilidade de ingerir alimentos pobres em nutrientes e ganhar peso. Um estudo da Escola de Saúde Pública de Harvard revelou que nos dias em que comemos *fast-food*, consumimos em média 187 calorias extras (o que equivale a cerca de 3 quilos de aumento do peso durante um ano); além disso, comer *fast-food* mais de duas vezes por semana é o suficiente para aumentar em 86% o risco de uma mulher ultrapassar o peso normal. Quando comemos o típico cardápio *fast-food* – hambúrgueres, batatas fritas, *nuggets* de frango, cachorros-quentes, *milk-shakes*, refrigerantes e assim por diante – nosso consumo de açúcar adicionado*, gordura, sal e calorias é muito maior (ver figura I.2), ao passo que nosso consumo de fibras, leite rico em cálcio, frutas e vegetais decresce.

O cardápio *fast-food* é tão gorduroso que uma refeição sozinha representa um terço das necessidades diárias de calorias, gordura e gordura saturada de uma mulher. E não é preciso ser uma viciada em comida desse tipo para ter problemas; mesmo incursões a lanchonetes uma vez por semana pesam na balança.

Figura I.2

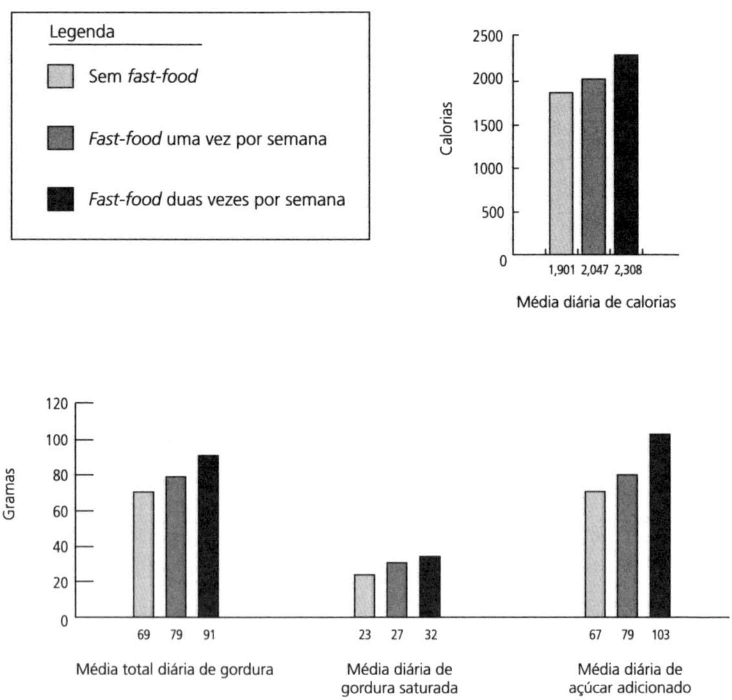

* Refere-se ao açúcar industrializado, que acrescentamos à comida, em oposição ao açúcar próprio de determinados alimentos, como a lactose do leite, a frutose das frutas e a glicose, encontrada em frutas e também no amido, presente em muitos vegetais. (N.R.T.)

Não comemos o suficiente

Não é apenas *o que* comemos que nos causa problemas, mas também o que *não* comemos, como quantidades adequadas de frutas e legumes (além de sementes e frutos oleaginosos, leguminosas, cereais integrais e leite desnatado), alimentos que nos mantêm bem e preservam nossa aparência jovial.

Muitas mulheres acreditam que consomem quantidades suficientes de vegetais, mas na realidade limitam-se, em média, a apenas quatro porções diárias de frutas, verduras e legumes, sem falar que mais de 50% delas não comem frutas de maneira nenhuma. Não somos melhores em relação à ingestão de grãos integrais. Cerca de 85% dos grãos que comemos são refinados, o que contribui para uma enorme carência de fibras, além das vitaminas e dos minerais que desaparecem quando os grãos são processados. "Os grãos integrais também fornecem fitoquímicos* benéficos para a saúde, não encontrados nos cereais refinados", afirma o professor Jeffrey Blumberg, da Universidade Tufts.

Pesquisas mostram que as mulheres que preferem grãos e cereais integrais apresentam riscos menores de ter derrame, câncer de cólon, diabetes, pressão alta e doenças cardiovasculares. Também têm maior probabilidade de manter um peso saudável e, se engordam, têm mais facilidade de emagrecer quando comparadas a mulheres que dão preferência a pão branco, arroz refinado e outros grãos processados.

Feijões e outras leguminosas (ervilhas, lentilhas) não têm colesterol, apresentam pouco teor de gordura e são ricos em fibras e nutrientes, fornecendo em cada porção mais da metade das necessidades diárias de ácido fólico e quantidades consideráveis de cálcio, magnésio, ferro e zinco. Eles também contêm fitoquímicos, como saponinas e fitosteróis, que diminuem o risco de câncer e doenças do coração, além de possuírem baixo índice glicêmico, de modo que ajudam a regular o nível do açúcar no sangue e até o apetite.

---

* Compostos químicos naturais de origem vegetal. (N.R.T.)

"Aumentar o consumo de feijões e ervilhas como parte de uma dieta rica em frutas e vegetais pode ajudar a prevenir doenças cardiovasculares, reduzir o colesterol e até mesmo baixar a pressão sangüínea", acredita a dra. Lydia Bazzano, pesquisadora clínica de Medicina em Harvard. O estudo de Lydia revelou que as pessoas que incluíram leguminosas em sua dieta pelo menos quatro vezes por semana diminuíram em 22% o risco de doenças cardíacas quando comparadas a outras que consumiram uma porção ou menos por semana.

Frutos e sementes oleaginosos (castanhas, nozes, amêndoas e avelãs) são ricos em calorias, por isso com freqüência são os primeiros alimentos banidos quando se inicia uma dieta para emagrecer. Porém a ingestão de cerca de 30 gramas, várias vezes por semana, poderia cortar o risco de doenças cardíacas em até 39%, assim como reduzir a possibilidade de desenvolver câncer e diabetes.

Se você consome menos de 30 gramas de frutos ou sementes oleaginosos por semana, está se privando de uma rica fonte de proteína, magnésio, vitamina E, potássio, fibras e vitaminas do complexo B. Apesar de serem altamente calóricos, na maioria deles a gordura é monoinsaturada, que faz bem ao coração e parece ajudar no emagrecimento.

O que parece é que quanto mais nutritivo for um alimento menos queremos saboreá-lo. O germe de trigo, por exemplo. Meia xícara* do alimento tostado proporciona mais da metade das nossas necessidades diárias de magnésio, além de 100% das nossas necessidades diárias de ácido fólico e 50% das necessidades de vitamina E. Também fornece quantidades razoáveis de minerais como ferro e zinco.

É verdade que fazemos certo esforço para consumir alguns alimentos saudáveis, entre os quais leite de soja e iogurte. Leite de soja enriquecido com cálcio é uma excelente alternativa ao leite de vaca e é suprimento de cálcio e vitamina D, além de conter estrogênio de origem vegetal que reduz a probabilidade de doenças cardíacas, perda de memória e osteoporose.

---

* Todas as xícaras mencionadas no livro referem-se às de chá. (N.E.)

"O iogurte desnatado é um alimento saudável, fonte de proteína, vitaminas do complexo B e cálcio. É uma alternativa vantajosa ao leite para pessoas que são intolerantes à lactose e, se contiver bactérias probióticas, como o *Lactobacillus acidophilus* ou *bifidobacterium*, ainda ajuda a prevenir constipação e diarréia, além de auxiliar no tratamento de alergias alimentares", diz Barry Goldin, pesquisador da Universidade Tufts. De acordo com ele, essas bactérias benéficas sobrevivem ao suco gástrico do estômago, seguem para o intestino e nele se proliferam. Ali expulsam as bactérias causadoras de doenças, produzem antibióticos naturais e, muito provavelmente, inibem a ação de uma enzima que ativa o câncer de cólon.

Por outro lado, conseguimos reduzir nosso consumo de carne e leite integral porque talvez estejamos mais conscientes de que esses alimentos possuem altos teores de gordura saturada, que aumentam o perigo de desenvolvermos doenças cardiovasculares e câncer. Infelizmente, mais que compensamos essa privação devorando três vezes mais queijo, que possui quantidades ainda maiores de gordura saturada que a carne ou o leite.

Conquiste uma vida realmente saudável: o planejamento de seis passos para se alimentar bem

A boa notícia é que, quando você passar a comer frutas, verduras, cereais integrais e legumes e não cair mais nas armadilhas que apresentaremos neste livro, automaticamente perderá peso, sem sequer tentar. Você recuperará a sua saúde ao mesmo tempo que voltará a vestir aquela velha calça *jeans* bem apertada.

Também é um alívio saber que bastam algumas pequenas mudanças no tipo de comida que você consome para conseguir grandes resultados. A nutricionista Amy Subar, do Instituto Nacional do Câncer em Bethesda, afirma que "se as mulheres aumentarem o consumo de vegetais e frutas e reduzirem as gorduras como manteiga, margarina e creme de leite, especialmente ao comer fora, estarão no caminho certo para uma alimentação mais saudável".

Tomar o controle de seus hábitos alimentares começa com seis passos básicos. Lembre-se de que mudar seu modo de se alimentar depende mais de sua atitude e dedicação do que de listas de supermercado, vitaminas ou controle de calorias. Se você deseja sentir-se ótima – mais magra e cheia de energia –, precisa acreditar que é capaz de alcançar seu objetivo e fazer do processo para chegar lá uma prioridade em sua vida.

Passo 1: Faça por você

Para muitas mulheres que assumiram o compromisso de se alimentar bem e emagrecer, o momento de decisão aconteceu quando se deram conta de que isso dependia apenas delas. Essas mulheres fracassaram em tentativas anteriores por não fazer as mudanças para si mesmas; ao contrário, haviam embarcado em dietas por causa do marido, do casamento da irmã ou de uma festa.

Por isso, pergunte-se para quem são as mudanças dietéticas que quer fazer. Quando puder dizer honestamente "as mudanças são para mim", você estará pronta para começar um plano alimentar mais saudável ou para emagrecer e manter o peso.

Também é preciso aceitar o fato de que não existem pílulas mágicas, gurus de dietas, combinações de alimentos ou ainda produtos, fórmulas ou aparelhos que possam fazer isso por você. "Você não pode brincar com seu peso, com quanto come ou se exercita, ou com sua aparência. É preciso assumir o problema e ser honesta consigo mesma sobre o que faz e o que precisa fazer para mudar", afirma Anne Fletcher, autora de *Thin for Life* [Magra para Sempre].

Passo 2: Prepare-se para uma "você" inteiramente nova

É preciso coragem para renunciar aos velhos padrões. Renove sua vida e você abrirá novos horizontes, ao mesmo tempo que fechará algumas portas já sem utilidade. "Ao longo do tempo, minha família se acostumou a ter carne com salada no jantar, o que foi uma grande conquista, considerando que estávamos habituados a comer *fast-food* quatro vezes por semana", conta Roberta, mãe de adultos e professora. Em vez de assistir televisão, agora o tempo livre de Roberta é usado para jogar pingue-pongue e a hora do almoço é compartilhada com diferentes colegas de trabalho, que caminham após comer.

Facilite as coisas tanto quanto possível para si mesma, relacionando a nova "você saudável" a algo que já é importante em sua vida. Para manter a motivação, use recompensas que não sejam comida a fim de marcar suas realizações do cotidiano, como comprar uma roupa nova, ir ao cinema ou reservar uma hora para ler um bom livro. Mas lembre-se sempre da regra do "se... então": *se* você alcançar o objetivo (por exemplo, dispensar a sobremesa ou incluir uma porção extra de legumes no almoço), *então* – e somente então – ganhará a recompensa.

Passo 3: Prática sim, perfeição não

Embora o método varie, quem procura manter uma dieta equilibrada sabe que as recaídas são inevitáveis e, por isso, tem estratégias para lidar com os deslizes. Por exemplo: mantém registros do seu consumo de alimentos, volta a controlar a dieta ao primeiro sinal de ganho de 1 ou 2 quilos de peso e passa a contar as calorias ou cada grama de gordura que ingere. Algumas pessoas cortam os assados ou a sobremesa, outras regulam as porções ou agendam aulas de ginástica. "O melhor de tudo é que essas pessoas relatam que esse controle se torna cada vez mais fácil ao longo do tempo. Como sabemos que a prática leva à perfeição, se você mantiver os novos hábitos por mais de dois anos, é bem provável que os conserve por toda a vida", afirma Suzanne Phelan, professora-assistente de Psicologia na Universidade Brown.

Mantenha-se alerta aos pequenos deslizes em sua rotina de alimentação saudável ou a eventuais ganhos de peso e tenha um plano estratégico que a coloque de volta ao caminho certo. Talvez você note que o tamanho da sua sobremesa tenha aumentado ou que belisca cada vez mais batatas fritas do pacote do seu companheiro. A estratégia para se equilibrar novamente varia de pessoa para pessoa, mas poderia incluir a elaboração de um diário alimentar, pesar e medir a sua comida, suspender bebidas alcoólicas, dar prioridade a frutas e legumes, ingerir somente a porção de comida que você mesma colocou em seu prato ou não entrar na cozinha após o jantar até que tenha conseguido voltar a se alimentar bem outra vez.

Passo 4: Separe as emoções da comida

O estresse é a principal causa de recaídas e da alimentação ruim. Numerosos estudos revelaram que as pessoas que persistem em manter hábitos alimentares saudáveis acreditam ser capazes de enfrentar problemas e resolver dificuldades, enquanto as que fracassaram em suas dietas evitam a adversidade, voltando-se para a comida como forma de compensação.

"As mulheres que colocam as necessidades dos outros à frente das próprias carências acumulam estresse e, então, encontram compensação na comida no fim do dia. Se elas conseguirem compreender como se sentem, pensar um pouco mais nelas mesmas, de modo a reservar tempo para se exercitar e comer corretamente, e ser mais assertivas em relação ao que querem, haverá maior probabilidade de permanecerem firmes em seu plano de alimentação saudável e manter seu peso", diz Anne Fletcher.

O primeiro passo é identificar e descrever suas emoções. "Pergunte-se se é a fadiga, a raiva, a ansiedade, a necessidade de apoio ou a fome verdadeira que ativa o seu desejo de ingerir alimentos errados. A comida irá resolver apenas o problema da fome; em todos os demais casos a solução está em outro lugar", complementa Fletcher.

O passo seguinte é desenvolver habilidades autofortalecedoras, como comunicação confiante, auto-sugestão positiva e formas de relaxar, de modo a cortar o estresse pela raiz. Em vez de se agarrar a um pacote de bolachas recheadas, aprenda a dizer aos outros como se sente, saia para dar uma volta e aliviar a tensão, procure a companhia de um amigo ou esqueça as obrigações e vá ao cinema quando as coisas estiverem difíceis.

Passo 5: Defina o sucesso

Sucesso nada tem a ver com atingir o peso ideal; sucesso aqui significa alcançar um equilíbrio em sua vida. É muito difícil manter a perfeição. Em vez disso, defina um objetivo realista para que você não sinta fome o tempo todo nem se torne obcecada por alimentos que não pode consumir, nem tão absorvida pelos exercícios físicos que não consiga pensar em outra coisa. Mesmo pequenas mudanças ao longo do tempo podem trazer grandes recompensas.

Muitas vezes, as mulheres estabelecem objetivos irreais que as levam ao fracasso. Peso adequado ou dieta saudável são metas que você pode manter sem ficar obcecada por comida 24 horas por dia, e ainda sentindo-se muito bem. Crie uma imagem clara em sua mente de como você prefere que a sua dieta seja, como quer se sentir e parecer como resultado dessa alimentação e como a sua vida em geral será diferente. É possível que você veja a si mesma com mais energia, entusiasmo pela vida e vitalidade. Pode também imaginar-se com um ar mais saudável e uma pele mais fresca, mais jovem. Seu objetivo poderia ser desfrutar da companhia de amigos e da família ao redor de uma refeição saudável.

Em seguida, divida esses objetivos em pequenos passos fáceis de controlar, como incluir três porções de cereais integrais em seu cardápio diário, limitar refrigerantes e *fast-food* a duas vezes por semana ou se abster de beliscar o prato dos outros. Planeje fazer todas as mudanças em um ou dois anos e, dessa forma, alcançar a sua visão de futuro.

Passo 6: Dê vez ao prazer

Comer bem não significa privação ou negação. Na verdade, as mulheres que dominaram a arte de se alimentar com equilíbrio e emagrecer afirmam que jamais se sentiram tão bem, no controle e satisfeitas com sua vida. Elas sentem prazer com a comida, em se relacionar, em cozinhar. Sentem prazer com sua nova aparência, suas novas sensações. Permitem-se ser imperfeitas e se reservam algumas guloseimas, mas apenas em ocasiões especiais e em pequenas quantidades. Elas satisfazem suas vontades com um biscoito ou uns poucos salgadinhos – não o pacote inteiro –, e controlam tudo o que apresenta alto risco, como queijo e chocolate, não tendo esses alimentos em casa. Com o tempo, seu paladar muda de tal modo que sentem enorme desejo por mangas e morangos e repulsa por comidas gordurosas.

Comer bem também envolve negociação, troca. "Você pode optar por um pedaço de pizza ou uma taça de vinho, mas, nesse caso, esqueça a sobremesa", lembra Anne Fletcher. Esses êxitos alimentares criam as condições para a construção de uma vida plena, que traz alegria e satisfação, e por isso essas mulheres não procuram compensação na comida.

Tome decisões conscientes para gastar sua cota diária de calorias. Se o chocolate é seu ponto fraco, coma um pedaço pequeno, mas não perca seu tempo com um sanduíche de mortadela, de que você nem gosta tanto. Reserve um momento do seu dia para cuidar de si mesma, como ir à manicure ou tomar um banho de espuma. Mais importante: lembre-se de colocar o assunto comida-e-dieta em uma perspectiva agradável. Quando você chegar ao final dos seus dias e fizer um balanço de sua vida, os céus não aceitarão que sua principal realização tenha sido sofrer com sua dieta!

O que é uma alimentação saudável?

Você precisa ter um objetivo e trabalhar para alcançá-lo, o que significa ter em mente uma imagem clara do que deve estar no seu prato a maior parte do tempo. Jogue fora os livros de dietas da moda que propõem hábitos estranhos, como a combinação de alimentos, ou culpam determinado grupo de alimentos, como os carboidratos, por todos os seus problemas, de diabetes e fadiga ao aumento de peso e envelhecimento. No lugar deles, apóie-se no conhecimento que milhares de estudos, ao longo de décadas de pesquisa, provaram ser o único caminho para comer bem, manter ótima saúde e conservar uma aparência jovem.

O plano de alimentação é simples: a base da dieta de uma mulher saudável é constituída por legumes, verduras e frutas; pães, cereais e massas (de preferência de grãos integrais) e leguminosas. Juntamente com isso, inclua quantidades moderadas de leite e laticínios com baixos teores de gordura ou leite de soja, peito de frango, nozes e outros frutos oleaginosos, e peixe, além de pequenas quantidades de carnes bem magras.

Grande parte das mulheres que venceram a batalha da dieta também limita ou elimina restaurantes do tipo *fast-food*. Nove entre dez delas preferem comidas magras, observam o tamanho das porções, mantêm refeições regulares, começando com o café-da-manhã, e prestam atenção ao próprio corpo, comendo apenas quando sentem fome e parando assim que estão satisfeitas.

Em resumo, não pense no modo como você se alimenta como sendo uma *dieta*: prefira considerá-lo como um plano alimentar consistente para toda a vida.

O plano básico de alimentação

Dê preferência aos alimentos e porções indicados a seguir. Essas diretrizes garantem que você consuma 100% de todas as vitaminas, minerais, fibras, proteínas, gorduras saudáveis e fitoquímicos de que precisa para se sentir, parecer e ser o seu melhor, de hoje e para o resto de sua vida. Pode até parecer muita comida, mas alimentos de verdade são nutritivos, não calóricos. Com os alimentos indicados aqui, você consumirá cerca de 1.500 a 1.800 calorias por dia. Se for uma pessoa ativa e puder ingerir mais calorias, acrescente porções extras dos mesmos alimentos ou pequenas guloseimas ao seu cardápio.

Legumes, verduras e frutas

(*Objetivo*: oito ou mais porções por dia)

Muitas mulheres precisam duplicar ou triplicar seu consumo atual de frutas, legumes e verduras para alcançar esses padrões mínimos. Para começar, inclua duas frutas ou legumes em cada refeição e uma em cada lanche. Escolha produtos de cores fortes, como cenoura, beterraba, espinafre, morango, acerola, goiaba vermelha, ameixa seca, amora, jabuticaba, uva roxa e ervilha verde. Prefira sucos 100% naturais, como laranja, tangerina e abacaxi. Misture ou combine frutas e legumes crus em saladas e no lanche com verduras cozidas e frutas secas.

Grãos e cereais

(*Objetivo*: um mínimo de seis porções por dia; pelo menos três devem ser de grãos integrais)

Escolha pão, arroz e aveia integrais em vez de pão e arroz brancos e certas barras calóricas de cereais. Evite tortas e salgados recheados, prefira pipoca feita em casa, biscoito de polvilho e bolacha integral de água e sal. Misture germe de trigo à massa de panquecas, bolos e pães. Use farinha de trigo integral sempre que possível.

Leite desnatado e leite de soja enriquecido com cálcio

(*Objetivo*: três porções por dia, com 1.000 a 1.200 miligramas de cálcio)

Apenas uma em cada cinco mulheres ingere quantidade suficiente de cálcio pelo leite, sendo que a maioria consome cerca de 1,5 porção por dia e um pouco mais de 600 miligramas de cálcio. Inclua pelo menos três alimentos ricos em cálcio, com baixos teores de gordura ou sem gordura, em seu cardápio diário, como leite ou iogurte desnatado ou semidesnatado, leite de soja enriquecido ou suco de laranja. Caso contrário, tome suplementos de 500 miligramas de cálcio para suprir a carência desse mineral.

Leguminosas, peixes, aves

(*Objetivo*: duas a três porções por dia)

Leguminosas são verdadeiras minas de ouro em vitaminas, minerais, fibras e fitoquímicos, bons para a saúde do coração. Elas também auxiliam na manutenção do peso porque saciam a nossa fome antes de comermos demais. Restrinja as carnes vermelhas e incorpore uma ou duas porções de leguminosas por semana, como variedades de feijão e lentilha. Acrescente dois pratos de peixe em seu cardápio semanal, como salmão, salada de atum, sardinha ou filé de peixe grelhado, que fornecem ômega 3, um tipo de gordura que faz bem ao coração.

Óleos e gorduras

(Limite o consumo)

Reduzimos um pouco o consumo de manteiga e margarina, mas, ao mesmo tempo, passamos a ingerir quantidades recordes de óleos vegetais. Na verdade, os molhos para salada são a fonte número 1 de gordura na dieta de uma mulher. Use maionese e molhos para salada com baixos teores de gordura, ou sem gordura, e quantidades moderadas de azeite de oliva.

Restrinja o consumo de biscoitos, tortas, pastéis, salgadinhos e *fast-food* a somente uma vez por semana, já que esses petiscos com freqüência contêm mais gordura que açúcar. Prefira alimentos frescos, não industrializados, como batata cozida ou assada em vez de batatas fritas e outros salgadinhos, pães integrais em vez de pão francês; e carnes e legumes grelhados em vez de fritos.

Frutos oleaginosos são exceção a essa regra e você pode incluir até 30 gramas deles por dia para diminuir o risco de doenças e ajudar no controle do peso.

Habitue-se a ler os rótulos das embalagens e escolha alimentos industrializados que não contêm mais que 3 gramas de gordura total a cada 100 calorias.

Açúcar adicionado

(*Objetivo*: limitar o consumo a cerca de 7% de calorias, ou seja, 6 colheres das de chá para uma dieta de 1.600 calorias e 12 colheres das de chá para uma dieta de 2.200 calorias)

O consumo de açúcar nunca foi tão alto como atualmente. Grande parte desse açúcar vem dos muitos litros de refrigerante – a fonte número 1 de açúcar – que bebemos atualmente. O restante vem escondido em alimentos industrializados, de iogurtes de frutas a cereais. Portanto, restrinja os refrigerantes a uma ou duas latas por semana. Limite massas, tortas e doces. Leia os rótulos: evite alimentos que incluam o açúcar

COMO DEVE SER A MINHA DIETA?

O básico: todos os dias, você deve comer:

8 ou mais porções de frutas, legumes e verduras
6 porções de grãos e cereais (3 de grãos integrais)
3 alimentos ricos em cálcio
2 porções de leguminosas, carne, frango, peixe

Café-da-manhã: 1 porção de cereal integral, 1 alimento rico em cálcio, 2 frutas ou legumes

Sugestão:

½ xícara de aveia integral com ¼ xícara de uvas passas pretas
1 xícara de leite desnatado ou leite de soja enriquecido com cálcio
1 banana pequena

Almoço: 2 porções de grãos, 1 porção de carne ou leguminosas, 2 frutas ou legumes

Sugestão:

1 filé pequeno de peixe, de peito de frango ou carne magra

como um de seus três principais ingredientes ou os que contenham vários tipos de açúcar, como sacarose, frutose extraída do xarope de milho e glicose. (Dica: cada colher das de chá equivale a 4 gramas de açúcar; assim, um produto que indica ter 26 gramas dessa substância contém 6,5 colheres das de chá.)

As 10 armadilhas

Se eu lhe dissesse que tenho uma pílula que retarda o envelhecimento, ajuda a prevenir doenças relacionadas à idade – de problemas cardíacos, diabetes, hipertensão e câncer a perda de memória, fraqueza

1 batata doce
1/2 xícara de ervilhas
1/2 xícara de arroz integral

Jantar: 2 porções de grãos, 1 porção de carne ou leguminosa, 1 alimento rico em cálcio, 2 frutas ou legumes

Sugestão:
Sanduíche de peito de peru com pão integral
2 xícaras de salada mista com molho de baixo teor de gordura
1 copo de leite desnatado ou leite de soja enriquecido com cálcio

Lanches: 2 frutas ou legumes, 1 porção de grãos, 1 alimento rico em cálcio

Sugestão:
Banana
Laranja
Biscoito integral, como cream-cracker
Iogurte de fruta com baixo teor de gordura

e fragilidade física –, fará você se sentir e parecer mais jovem, não provoca efeitos colaterais exceto bom humor e aumento de energia e é o segredo de um corpo esbelto, você a tomaria? Você seria louca se não a tomasse! Bem, pode não ser uma pílula, mas algumas simples mudanças em sua dieta (e na atividade física) irão trazer todos esses benefícios e outros mais.

Se é assim, o que a impede de abandonar seu velho estilo de vida e se transformar na mulher saudável que você merece ser? Minha opinião é que isso se deve a uma ou duas armadilhas, que sutilmente minam suas melhores intenções para se alimentar bem e ficar em forma. É provável que você caia inconscientemente nessas armadilhas, embora se eu a surpreendesse

PREZADA "DESATENTA", QUAL É A CLASSIFICAÇÃO DA SUA DIETA?

Seja honesta. Você às vezes deixa de tomar o café-da-manhã? Pede hambúrguer com batatas fritas na lanchonete? Devora um pacote de salgadinhos e um refrigerante na hora do lanche? Começou mais do que quatro dietas da moda nos últimos dez anos? Renunciou aos carboidratos só para surrupiar um pacote de biscoitos quando ninguém estava olhando? Você belisca a comida do prato dos outros, da geladeira ou direto da panela?

Este é o momento de observar com atenção os hábitos que podem ameaçar sua saúde e suas formas. Responda às questões (honestamente!) e, em seguida, some seus pontos para saber em quais armadilhas você está caindo. Suas respostas valem de 0 a 2. Assim:

0 = Nunca
1 = Às vezes
2 = Sempre

1. Sirvo-me de porções razoáveis e nunca como as sobras dos pratos de outras pessoas. Não belisco a comida ao limpar a mesa ou en-

em pleno ato você diria: "Oh, sei que eu não deveria fazer isso, mas não é sempre que acontece; só um pouquinho não vai me prejudicar".

Talvez a armadilha diga para não comer um pedaço de bolo de fubá que está na cozinha, mas admita uma beliscada no doce toda vez que você passar por ali; talvez a armadilha seja tomar um refrigerante todas as tardes para estimular o ânimo; talvez seja comer as últimas batatas fritas do prato de seus filhos na lanchonete.

Felizmente, as armadilhas são visíveis e, por isso, podemos desviar delas. Os capítulos seguintes mostram nossos desvios alimentares mais comuns e, o mais importante, explicam o que fazer com eles.

quanto cozinho nem como nada direto da panela, da geladeira ou da travessa.

2. Escolho os alimentos com base no que sei que é melhor para mim. Quando como com os amigos ou com a família, sempre incluo pelo menos dois alimentos que considero saudáveis.
3. Em restaurantes, peço pratos saudáveis e pouco gordurosos e observo o tamanho das porções.
4. Sou honesta sobre o que e quanto como, conheço o tamanho aproximado das porções e as quantidades de calorias dos meus pratos favoritos.
5. Consumo pelo menos oito porções de frutas e/ou legumes e verduras, sem incluir batatas fritas ou outras frituras no meu cardápio diário.
6. Escolho somente frutas e legumes de cores fortes, como alface romana, espinafre, morango, manga, cenoura, suco de laranja, melão rosado, beterraba e brócolis.
7. Eu me alimento de modo consciente e tenho um plano específico sobre o que e quanto quero comer e quanto quero me exercitar todos os dias.

(*continuação*)

8. Reconheço que minha alimentação, peso corporal e nível de condicionamento físico são escolhas minhas e, portanto, minha responsabilidade. Assim, não posso culpar meus hormônios, glândulas, o tempo ou quem quer que seja por essas escolhas.
9. Como quando a fome é fisiológica, e não porque estou entediada, cansada, ansiosa, estressada ou por qualquer outra razão emocional.
10. Tenho habilidade para enfrentar as adversidades, por isso não procuro a comida como forma de compensação.
11. Consumo pelo menos três porções de alimentos feitos com grãos integrais por dia, incluindo pães, cereais, massas e biscoitos.
12. Em geral, consumo três porções diárias de leite desnatado e seus derivados, ou leite de soja enriquecido com cálcio, queijo branco ou suco de laranja.
13. Em geral, consumo de dois a três alimentos ricos em proteínas diariamente, dando preferência a peito de frango, peixe e leguminosas.
14. Restrinjo as gorduras. Aquelas que consumo vêm das nozes, castanhas, sementes, azeite de oliva ou óleo de canola, abacate, peixe e azeitonas.
15. Uso molhos para salada e maionese com baixos teores de gordura, ou sem gordura.
16. Evito produtos industrializados que contêm gorduras extras, como alimentos fritos, salgadinhos e *fast-food.*
17. Seleciono apenas alimentos com pouco ou nenhum açúcar adicionado.
18. Faço pequenas refeições e lanches ao longo do dia; assim, os intervalos entre as refeições não ultrapassam quatro horas.
19. Meu café-da-manhã inclui uma porção de grãos, uma fruta e um alimento rico em cálcio ou em proteína, como ovos e leite.
20. Prefiro assar, cozinhar ou grelhar os alimentos a fritá-los ou passá-los na manteiga ou usar molhos e condimentos que contêm gordura extra.

21. Evito dietas da moda; quando preciso perder alguns quilos, recorro aos bons hábitos alimentares – comida de verdade, sem alimentos industrializados – e faço mais atividades físicas.
22. Tomo doses moderadas de complexos vitamínicos e suplementos minerais.
23. Meu consumo de álcool é moderado ou nenhum (não mais que um drinque por dia).
24. Bebo pelo menos oito copos de água diariamente.
25. Permito-me algumas recompensas pelas pequenas conquistas, mas não arruíno meus planos de ter uma alimentação saudável saindo da linha quando comemoro.

PONTOS:

37 a 50: Excelente. Você desvia de muitas armadilhas que geralmente interferem na saúde das mulheres, em suas dietas e na sua luta para emagrecer. Você deve permanecer com seu plano alimentar atual ou melhorar sua pontuação em um ou dois itens.

25 a 36: Regular. Você cai em algumas armadilhas. Identifique três ou quatro itens em que pontuou "0" e "1" e deseja melhorar. Quando conseguir alcançar esses objetivos, escolha outros dois ou três itens, e assim por diante.

0 a 24: Cuidado. É hora de começar a cuidar mais seriamente de sua saúde. Defina um objetivo para melhorar gradualmente sua pontuação e busque aumentar pelo menos 3 pontos a cada mês.

(*continuação*)

Se você obteve *menos de 2 pontos* nas questões:	Certifique-se de *ler todo o conteúdo* do seguinte capítulo:
1	1
2, 3	2
4	3
5, 6	4
7	5
8	6
9,10	7
11 a 22	8
23, 24	9
25	10

ARMADILHA Nº 1

Comer sem pensar

"Eu não como nada, não entendo por que não consigo emagrecer!" Laura se sentia frustrada e desanimada quando me disse isso. Ela havia respondido a todas as minhas perguntas corretamente: não usava muita gordura em sua dieta, comia muitas frutas e legumes e prestava atenção ao tamanho das porções. Também havia reduzido o consumo de açúcar e alimentos industrializados e raramente se aventurava em uma lanchonete de *fast-food*.

Alguma coisa não estava certa. Ninguém consegue desafiar as leis da Física ganhando peso quando se alimenta apenas de vegetais e frango grelhado. Assim, acompanhei a rotina de Laura por um dia. Anotei tudo o que ela colocava na boca e, depois, contabilizei os resultados. Tudo o que ela havia me contado era verdade. Mas o que *não* havia confessado era o que realmente a fazia engordar.

Laura limpou a cozinha depois que seus três filhos haviam tomado o café-da-manhã. Ela comeu as sobras de pão com requeijão e bebeu os últimos goles de leite antes de lavar as xícaras. "Odeio ver a comida ir para o lixo", explicou. Em seguida, tomou seu nutritivo desjejum como havia descrito para mim e que incluía uma tigela de cereais e fruta. No trabalho, ela se serviu de uma xícara de café com leite, engoliu sobras de bolo deixadas na sala de convivência dos funcionários e ainda comeu um pedacinho de chocolate ao passar pela mesa de um colega (ela comeu outros três ao longo do dia), além de almoçar seu sanduíche de peito de peru, salada mista e iogurte. Ao chegar em casa naquela noite, beliscou a última mordida de um sanduíche de presunto e maionese e nacos de um biscoito doce que haviam ficado na lancheira das crianças, enquanto começava a preparar o jantar. Laura experimentou o molho enquanto cozinhava, acrescentou o leite e bebeu o resto direto da embalagem, além de comer o bico do pão ao fatiá-lo para servir. Tudo contabilizado, naquele dia Laura consumiu razoáveis 1.800 calorias em alimentos servidos em seu prato e mais 700 calorias em petiscos, caótica e inconscientemente ingeridos, surrupiados e devorados um bocado por vez. Não era à toa que ela não compreendia por que engordava... Um excesso de quase 40% de suas calorias diárias recomendáveis era consumido sem que ela percebesse! A maioria dessas calorias ingeridas inconscientemente vinha do açúcar e da gordura.

A relação das mulheres com a comida pode ser dividida em duas categorias: os alimentos que consumimos conscientemente e os que beliscamos sem pensar. Na primeira categoria, como é o caso de Laura, a maioria das mulheres procura fazer escolhas corretas e, como vimos na Introdução, quase 90% de todas nós pensam que estão no caminho certo. A segunda categoria abrange alimentos quase sempre ricos em gordura, açúcar e calorias, e pobres em nutrientes de que nosso corpo precisa. "Se tivéssemos câmeras escondidas para nos seguir por toda parte durante o dia, ficaríamos chocadas com a quantidade de alimentos que comemos sem pensar", diz Debra Waterhouse, autora de *Outsmarting the Mother-Daughter Food Trap* [Libertando-se da Armadilha Alimentar entre Mãe e Filha]. Se você não consegue perder peso, não importa quanto se esforce, ou se não está tão saudável quanto gostaria, essa armadilha deve ser a primeira a ser verificada.

Calorias invisíveis

"As mulheres são mestras em comer sem pensar, tanto dentro como fora de casa", afirma Susan Moores, porta-voz da Associação Dietética Americana. Provar guloseimas em uma loja especializada é uma boa forma de armazenar algumas centenas de calorias. Minha filha, Lauren, adora ir a esses lugares, não para comprar, mas para provar as amostras de alimentos que são oferecidas.

De modo inconsciente, consideramos que a comida que beliscamos é "liberada" na dieta. Ela não é servida em pratos, não precisa ser medida, não é consumida em uma mesa; por isso não conta. "Minha maior propensão é comer demais depois do jantar, quando sobra comida, mas não em quantidade suficiente para ser guardada. Odeio jogar comida fora, por isso prefiro comê-la. Conheço o ditado: 'É melhor a comida ir para o lixo do que para a cintura', mas não faz sentido", diz Ângela, mãe de três crianças pequenas.

Aqui estão algumas situações básicas em que tendemos a beliscar:

- **Na cozinha.** Em geral, estamos no comando da cozinha da casa, o que nos coloca em uma posição favorável para comer. Não é por acaso que as mulheres acumulam calorias apenas preparando as refeições e limpando a mesa. Comemos algumas fatias de mussarela enquanto cobrimos a lasanha, sem falar que só nos falta lamber os pratos ao limpá-los. Também comemos colheradas da massa do bolo, do recheio da torta e os restos do pudim. O que esquecemos de considerar é que cada colher cheia de massa de bolo contém inacreditáveis 70 calorias, que, se ingeridas todos os dias, equivalem a cerca de 3 quilos de peso extra em um ano. Um salgadinho, uma batata frita, uma colher de molho de macarrão, uma provadinha no purê de batatas, qualquer uma dessas lambiscadas pode conter cerca de 10 a 20 calorias. Contudo, quem come apenas uma batatinha ou experimenta a comida uma só vez? Experimentar, petiscar e degustar repetidamente engordam. Uma pequena desviada dessa armadilha de comer sem pensar pode ser uma verdadeira passagem para a saúde.
- **No restaurante.** Lanchonetes e restaurantes são outros santuários para comer sem pensar. "Raramente vemos homens beliscando no prato uns dos outros em um restaurante, mas a comida no prato de qualquer homem a uma distância de 15 metros de

uma mulher nunca está a salvo", afirma Susan Moores. Às vezes, esses impulsos para beliscar se somam ao excesso que já temos em nosso próprio prato; outras vezes, nem sequer nos incomodamos de pedir uma entrada, pois nossa intenção desde o instante em que nos sentamos é nos abastecer no repasto alheio. "Quando vou jantar fora, peço uma entrada, em geral, uma salada ou salmão grelhado. Mas sempre estendo a mão para alcançar as batatas fritas no prato do meu marido", confessa Dolores, acrescentando que seu comportamento é ainda pior quando se trata de doces. "Não quero pedir sobremesa, porque estou controlando as calorias; mas peço ao meu marido para escolher uma torta musse de chocolate para que eu possa provar. Na maioria das vezes, acabo comendo bem mais do que um pedacinho."

- **Com as crianças.** Quando cuidamos das crianças, comemos sem pensar todo o tempo. Até as mulheres que não sonhariam em beliscar em qualquer outro lugar ficam predispostas a colocar na boca tudo o que aparece em sua frente quando tomam conta das crianças. Nós comemos o último bocado do sanduíche dos pequenos, terminamos o último terço do seu pedaço de bolo de aniversário, damos conta da borda crocante da pizza de nossos filhos e engolimos os salgadinhos usando o método "um pra mim, um pra você". A maioria das crianças ainda está sintonizada com os sinais de saciedade de seu corpo e sabe quando deve parar de comer, por isso deixa a comida no prato, que está, então, no ponto para ser capturada. Talvez o problema aconteça porque nossa atenção está concentrada em alimentar nossos filhos; assim, a oportunidade de comer é mais freqüente. Talvez seja pelo fato de que a comida das crianças é diferente da nossa e, por essa razão, é especialmente tentadora para nós. Além disso, servimos alimentos saudáveis aos nossos filhos e, por isso, mesmo se essa comida for parar em nosso estômago, podemos ficar satisfeitas com o bom trabalho que fazemos como mães zelosas! Uma mulher disse uma vez que quis comprar um cachorro depois que seus filhos nasceram para que houvesse alguém mais na casa para dar cabo das sobras de comida.

- **No cinema.** Combine um filme interessante, o conforto do escuro e uma comida gostosa e você tem a oportunidade perfeita para comer sem pensar. Qualquer um está sujeito a comer demais no cinema, se tiver uma pequena chance. Mas as mulheres excedem. Em alguns casos, o catalisador parece ser a embalagem. "As mulheres comem 40% mais pipocas se lhe oferecerem um pacote extragrande do que se tiverem um pacote tamanho grande. Mesmo oferecendo-lhes pipoca murcha, elas comeram 45% mais e não conseguiram explicar as razões", afirma Brian Wansink, professor de Psicologia do Consumidor na Universidade de Illinois. Ele explica que todos nós procuramos um sinal para parar e, nesse exemplo, geralmente o sinal é dado quando chegamos ao fundo do pacote.
- **Na frente da TV.** A comida parece sumir quando assistimos à televisão, lemos um livro, falamos ao telefone ou navegamos na internet. Você já notou como um pacote inteiro de salgadinhos desaparece enquanto assistimos a uma história de suspense na TV, sem sequer lembrarmos de ter comido um? Ou já lhe aconteceu de estar tão entretida com um livro que você devora um pacote de biscoitos de chocolate sem se dar conta?

Muitas vezes, o ato de comer sem pensar vem acompanhado de algumas racionalizações subconscientes bem interessantes. "Por alguma razão, tudo o que como quando estou em pé não conta. Se eu como com as mãos, sem usar um garfo ou uma colher, então a comida não conta. Ela não é oficial e, de um jeito estranho, isso significa que não tem calorias", confessa Ana, vendedora de uma loja de departamentos, que ficou conhecida por beliscar uma torta de maçã inteira a caminho do trabalho.

A comida que consumimos direto da geladeira também não é contabilizada. Nem comer do prato do companheiro, como acontece com Dolores. "Sou menos propensa a comer a gordura ou a fritura se eu servi-las em meu prato do que se colocá-las direto na boca. É como se a comida fosse livre de calorias enquanto não aterrissar em nenhum lugar", explica ela.

Comer no piloto automático: o lado ruim

Cada mordida, cada bocado, cada provadinha, cada lambiscada que você dá – não importa se está em pé ou sentada, se a comida está em seu prato, no prato do seu amigo ou na panela – contém calorias. Além disso, não importa o que as dietas da moda ensinam sobre cortar carboidratos, cortar gorduras, combinar alimentos ou outras coisas mais; a única coisa que interessa quando a comida vai para seu estômago são as calorias.

"O aumento do peso corporal está relacionado, sobretudo, ao consumo diário de poucas calorias extras, por exemplo de 25 a 100 calorias todos os dias, que, com o passar do tempo, resultam em um grande problema", informa Richard Mattes, professor de Nutrição na Universidade Purdue.

Se você não tem consciência ou controle sobre o hábito de beliscar, é fácil subestimar quanto consome. O resultado é que você come demais, em geral todo tipo de comida errada, e sua cintura e sua saúde sofrem as conseqüências do estrago.

"Tudo o que precisamos fazer para ganhar 5 quilos extras em um ano é consumir, diariamente, 100 calorias além do que é necessário para mantermos um peso desejável", diz Susan Moores. Essas calorias são equivalentes a uma mordida grande em um cheeseburger, a uma fatia de bolo, a uma queijadinha da festa junina ou a um *nuggets* de frango.

O pior de tudo é que você nem ao menos desfrutou de todas essas comidinhas. Você não sentiu o prazer do seu sabor, não lembra a sua textura nem experimentou o aroma de uma única mordida. Quanto desperdício! Teria sido bem melhor evitar todas essas provadinhas sem pensar e sem prazer, poupando essas calorias para um quitute verdadeiramente delicioso.

Por que será que não beliscamos sem pensar brócolis, minicenouras, feijão, germe de trigo ou qualquer outra comida natural?! Bem ao contrário, os alimentos que deslizam sem esforço para nossa boca são gordurosos, doces, ou as duas coisas. "Se você for brincar de 'um pra mim, um pra você' com seus filhos, é melhor ter certeza de que irá comer morangos e não um biscoito com recheio de morango que transborda gordura e açúcar", diz Susan, acrescentando que os morangos podem "matar dois coelhos com uma cajadada só": "Você satisfaz seu desejo de beliscar e, ao mesmo tempo, consome uma das cinco a oito porções de frutas e legumes de que precisa todos os dias". O biscoito oferece apenas calorias.

Beliscar é bom

Não me entenda mal: beliscar não é ruim. O hábito de beliscar, quando bem planejado e consciente, na verdade pode ajudá-la a manter a linha. A dieta do beliscar substituiu o rigor da dieta das "três refeições" como um modo mais eficiente de controlar o peso, diminuir o risco de doenças do coração e conter suas vontades. Pesquisadores da Universidade de Michigan descobriram que as mulheres com idades entre 35 e 69 anos que dividiram sua alimentação em várias refeições leves e lanches ao longo do dia eram mais magras e tinham menos gordura corporal do que aquelas que ingeriram a mesma quantidade de calorias distribuídas em apenas duas ou três grandes refeições. Na realidade, quanto menores as refeições e os lanches (até seis por dia), menor a taxa de gordura corporal.

"Faz sentido pensar que o corpo seja mais bem adaptado a processar pequenas doses de combustível e nutrientes o dia todo do que assimilar uma grande quantidade de comida de uma vez", diz Sharon Edelstein, pesquisadora da Universidade George Washington e coordenadora de um estudo que relacionou refeições leves ao risco mais baixo de desenvolver doenças.

Na história da humanidade, nossos antepassados evoluíram comendo pouco e várias vezes ao dia castanhas, frutas, raízes e pequenas caças.

Banquetes eram raros e provavelmente aconteciam apenas quando um membro da tribo abatia um mamute ou outro animal de grande porte. Em resumo, nosso corpo foi projetado para comer pouco, de cada vez, alimentos ricos em fibras e com baixo teor de gordura, e não a comida "farta e rápida" da sociedade moderna.

REGRAS PARA BELISCAR

O programa para uma alimentação saudável baseado em pequenas refeições tem oito diretrizes para ajudar você a se manter na linha:

- **Não leve a palavra *pequena* na brincadeira.** Comer com freqüência significa equilibrar suas calorias. Limite suas refeições a aproximadamente 500 calorias e os lanches a 200 calorias ou menos, de modo a somar, em um total diário de três refeições e três lanches, entre 1.600 e 2.000 calorias.
- **As refeições devem ser apetitosas, gostosas e boas para você.** Pequenas refeições devem ser saborosas e satisfatórias (mas sem empanturrar) ao mesmo tempo que alimentam seu corpo e sua alma. Podem ser tão elegantes quanto macarrão com aspargos, tão naturais quanto pão quente feito em casa, para comer com queijo branco e sopa, ou audaciosas como o tailandês frango picante com manga.
- **Lanches não são inúteis.** Os lanches devem contribuir para a cota diária de frutas e legumes (pelo menos oito porções) e de pães e cereais integrais (seis porções). Inclua pelo menos uma fruta, legume ou verdura e um cereal em todo lanche, e pelo menos duas porções de frutas ou legumes e de uma a duas porções de grãos em toda refeição, além de um ou mais dos seguintes alimentos:
    - Nozes e sementes
    - Leite desnatado e seus derivados, como iogurte ou ricota
    - Feijão e ervilhas cozidas

Fazer refeições leves também pode ajudar a manter sob controle o cortisol, hormônio ligado ao estresse. O hábito de pular refeições eleva os níveis desse hormônio, que, por sua vez, favorece o aumento de peso em conseqüência do acúmulo de gordura ao redor do abdômen. "O estresse crônico leva à maior produção de cortisol, o que aumenta o ape-

- Carnes extramagras, como peixes, carnes vermelhas com baixo teor de gordura, ou aves sem a pele

- **O programa de pequenas refeições deve ser simples.** Prepare lanches práticos, escolhendo alimentos prontos e fáceis de conservar. Aqui estão três sugestões de lanches:
  - Um pote de iogurte desnatado polvilhado com sementes de girassol
  - Biscoitos de água e sal *light*, fatias de presunto magro e minicenouras
  - Fatias de maçã misturadas com iogurte de frutas
- **Não dê chance aos alimentos industrializados.** A maioria dos alimentos prontos – de biscoitos, chocolates e certas barrinhas de cereais a salgadinhos, pipoca para microondas e doces light – é pobre em fibras, fitoquímicos, vitaminas e minerais. Por isso, prefira a batata assada à frita, laranja ao refrigerante de laranja e a tigela de flocos de milho à barra de granola com chocolate.
- **Coma com freqüência.** Durante o dia, o ideal é manter um intervalo de não mais que quatro horas entre as pequenas refeições ou lanches, começando com o café-da-manhã.
- **Organize-se.** Abasteça a gaveta de sua escrivaninha, o porta-luvas do carro, a sua pasta ou a bolsa com frutas frescas ou secas, grãos, biscoito integral light e outros petiscos.
- **Coma devagar.** Escute o seu corpo e coma apenas o suficiente para se sentir satisfeita, e não estufada.

tite por alimentos ricos em carboidratos e gordura, fazendo com que as calorias em excesso sejam armazenadas na barriga, onde ficam disponíveis para fornecer energia para a resposta do estresse", explica Pamela Peeke, da Universidade de Maryland.

Os benefícios das pequenas refeições vão além da sua cintura. David Jenkins, professor de Medicina e Nutrição na Universidade de Toronto, afirma que petiscar reduz o colesterol ruim do sangue e melhora os níveis de insulina no organismo: "Observamos mudanças benéficas nos lipídios do sangue e nos níveis de insulina semanas após iniciar um programa alimentar baseado em pequenas refeições". Os efeitos dessa

25 LANCHES SAUDÁVEIS

Se você não consegue resistir ao impulso de beliscar, aqui estão algumas alternativas saudáveis para substituir aquele tablete de chocolate escondido na última gaveta da escrivaninha:

1. Uma fatia pequena de bolo de fubá e cubinhos de melão com um pote de iogurte de frutas desnatado
2. Uma fatia de pão italiano coberta com uma rodela grossa de tomate e queijo branco grelhado com orégano, um copo de suco de laranja e morangos
3. Uma panqueca recheada com ricota *light* e uma fruta à sua escolha
4. Uma mistura feita de partes iguais de germe de trigo, manteiga de amendoim e mel, espalhada sobre uma torrada de trigo integral; acompanha suco de frutas ou uma banana
5. Um pote pequeno de iogurte com baixo teor de gordura e quatro biscoitos *cream-cracker*
6. Uma xícara de leite morno desnatado aromatizado com baunilha e uma banana
7. Um pãozinho de canela, uma maçã e uma xícara de leite desnatado

descoberta para a saúde incluem riscos menores de diabetes, doenças cardíacas (a preocupação número 1 para as mulheres) e, possivelmente, até câncer de cólon e de mama.

Porém, antes de lançar mais sobras em sua boca, saiba que o segredo para beliscar é fracionar seu atual consumo diário de calorias em cinco ou seis pequenas refeições, sem acrescentar mais comida à sua dieta habitual. Em outras palavras, coma os cereais com passas e suco de laranja no café-da-manhã, mas reserve o copo de leite e a banana para o lanche das 10 horas. Sirva-se de um sanduíche de frango grelhado com legumes ao vapor e suco de frutas no almoço, mas guarde o iogurte e a fruta para

8. Duas fatias finas de peito de peru, seis biscoitos de água e sal *light* e meia xícara de morangos
9. Metade de um sanduíche de atum com salada (temperada com molho de baixo teor de gordura), rodelas de tomate e uma xícara de leite desnatado
10. Uma salada feita com queijo-de-minas, pepino em rodelas e tomate em cubos, temperada com pouco azeite e orégano, e servida no pão sírio; uma fruta e uma xícara de chá verde
11. Uma fatia de ricota *light*, uma fruta, uma fatia de pão integral e minicenouras
12. Um prato de sopa de legumes (minestrone), uma fatia de pão integral e uma xícara de leite desnatado
13. Uma fatia de pão de trigo integral com 1 colher das de sopa de queijo cremoso *light* e uma fruta a sua escolha
14. Meia xícara de tutu de feijão preparado sem gordura e sem *bacon* com palitos de cenoura e pepino para mergulhar no molho vinagrete
15. Um pote de iogurte de morango com baixo teor de gordura misturado com um *kiwi* picado

o lanche da tarde. Coma o espaguete, os legumes cozidos no vapor e a salada na hora do jantar, mas separe a fatia de pão e uma xícara de leite desnatado com chocolate para o lanche da noite.

O segredo para controlar o peso e manter uma dieta saudável por toda a vida é comer com consciência e propósito. Isso significa que devemos escolher nossos alimentos com bom senso e distribuir nosso consumo de comida de modo uniforme ao longo do dia.

Café-da-manhã consciente

Uma das razões que levam algumas mulheres a comer o tempo todo sem pensar poderia ser o fato de que elas não tomam um café-da-manhã

(*continuação*)

16. Duas torradas de trigo integral com ¼ de xícara de ricota *light* e uma fatia fina de abacaxi
17. Uma salada pequena com molho à parte e uma torrada integral
18. Uma fatia de pão de centeio integral com uma camada fina de geléia de frutas *light* e uma pêra
19. Uma pequena porção (60 gramas) de salmão grelhado com uma fatia de pão de trigo integral e mostarda
20. Um pedaço de pizza coberta com rodelas de tomate
21. Meia xícara de cereal (sem leite e sem açúcar) com 1 colher de chá de nozes e outra de frutas secas
22. Uma barra de cereal com frutas *light* e um copo de leite de soja
23. Um pedaço pequeno de bolo de cenoura e uma fruta
24. Uma torrada de trigo integral coberta com duas colheres de chá de geléia de frutas *light* e um caqui pequeno
25. Meia xícara de mingau de aveia preparado com leite desnatado e coberto com uma banana picada

nutritivo para começar bem o dia. "Raramente tomo o café-da-manhã. Não tenho tempo suficiente para isso e, de qualquer maneira, nem sinto tanta fome assim", diz Glória, comissária de bordo.

Ledo engano. O café-da-manhã é a refeição mais importante do dia. Para a maioria das pessoas, a manhã é a única parte do dia em que oito, talvez dez horas ou mais se passaram desde a refeição anterior. Durante esse tempo de jejum desde o jantar, até mesmo enquanto dormimos, o corpo precisa de energia para manter suas funções vitais. Grande parte dessa energia vem das reservas de glicose já existentes no corpo. Porém, mais da metade dessas reservas são consumidas até o amanhecer, e seu corpo precisa de um bom estímulo, que só vem de uma refeição rica em carboidratos.

Se você pular o café-da-manhã, é possível que durante as primeiras horas após ter se levantado ainda se sinta cheia de energia, com a mente e o corpo revigorados por uma boa noite de sono. Entretanto, esse lampejo inicial de energia se desfaz à medida que as demandas da manhã exigem mais de um corpo que já opera além dos limites de suas forças. À tarde, mesmo se você houver ingerido um bom almoço, num esforço para restaurar os baixos níveis de energia de seu organismo, já não há mais tempo para recuperar suas reservas com o necessário para o dia inteiro, o que você teria garantido caso tivesse reservado cinco minutos para tomar o café-da-manhã. Desse jeito, você fica mais predisposta a comer sem pensar direito, da geladeira ou do prato do seu bebê.

Por que o café-da-manhã é tão importante para a saúde? Uma das respostas possíveis é que essa é a refeição mais nutritiva do dia. Um bom desjejum deve ser rico em cereais, frutas e leite, o que o torna um dos principais fornecedores de vitaminas, minerais e fibras para o organismo. Gretchen Hill, professora da Universidade do Estado de Michigan, estudou o impacto do café-da-manhã na nutrição total do organismo. Ela alerta para o fato de que "as mulheres se privarão de vitaminas, minerais e fibras – como vitamina E, zinco, cálcio e ferro – se o café-da-manhã for suprimido, mesmo se consumirem calorias suficientes durante o dia". Conseqüências a longo prazo desse pobre consumo de nutrientes: fadiga crônica, dificuldade de concentração, perda de memória, depressão e outros problemas físicos e mentais.

O café-da-manhã também nos ajuda a manter a boa forma, o que reduz o risco de adquirirmos doenças cardíacas, câncer, diabetes e hipertensão. A relação entre o desjejum e a boa forma pode ser entendida a partir de três aspectos:

O DIÁRIO DO CAFÉ-DA-MANHÃ

Para testar os efeitos do café-da-manhã em seus níveis de energia, mantenha um diário durante duas ou três semanas (faça cópias do formulário a seguir ou use-o como modelo para elaborar o seu). Todo dia, anote se você tomou o café-da-manhã e, se tomou, registre a data, o que e quanto você comeu. Não esqueça de anotar o café preto e o que colocou nele! A seguir, registre os tipos de alimento que escolheu e seus níveis de energia a cada duas horas ao longo do dia.

Se você costuma pular o café-da-manhã, continue a fazê-lo durante a primeira semana dessa experiência, tome um desjejum leve durante a segunda semana e observe qualquer mudança no seu humor, disposição e consumo alimentar.

Se você costuma tomar o café-da-manhã, experimente pular essa refeição durante uma semana e observe a ocorrência de qualquer mudança no seu estado de espírito e no que você come. Fique atenta para as diferenças sutis nos dias em que você não toma essa refeição, como beber mais café puro no meio da tarde ou ir para a cama mais cedo.

Diário do café-da-manhã

Nesta folha, anote se tomou o café-da-manhã e, se tomou, registre o que comeu; em seguida, anote seu estado de ânimo e seu consumo alimentar durante o dia.

- Pular refeições diminui o metabolismo. Por isso, as mulheres que pulam o café-da-manhã ganham peso mais facilmente, mesmo ingerindo poucas calorias, que aquelas que comem com regularidade durante o dia todo, começando com o desjejum.
- É irônico, mas na verdade as mulheres comem mais quando pulam o café-da-manhã. Quando você pula o café-da-manhã, o cérebro libera grandes quantidades de neurotransmissores químicos

---

Você tomou o café-da-manhã? ____ Sim ____ Não
Se sim, o que comeu?______________________________

	Estado de ânimo	Alimentos
9 horas	______________	______________
11 horas	______________	______________
13 horas	______________	______________
15 horas	______________	______________
17 horas	______________	______________
19 horas	______________	______________
21 horas	______________	______________

Que padrões de comportamento, se houve algum, você observou em seu estado de ânimo ou no seu consumo alimentar durante o resto do dia quando tomou ou quando pulou o café-da-manhã?

____

____

____

____

chamados neuropeptídeos Y (NPY), que ativam um mecanismo inconsciente para você continuar comendo. Uma vez que você começa a comer no meio do dia, não consegue parar e acaba consumindo mais calorias entre o meio-dia e a hora de dormir do que quem tomou o café-da-manhã.

- As pessoas que pulam a primeira refeição do dia são mais propensas a comer sem pensar; beliscam o tempo todo petiscos e alimentos menos nutritivos, mas ricos em gordura ou açúcar, como salgadinhos, batata frita, chocolate e outras comidinhas e doces. A fome irresistível que resulta do jejum prolongado aniquila a força de vontade e deixa uma mulher tão voraz que ela é capaz de comer qualquer coisa que esteja à mão. Isso pode saciar a fome imediata, mas a longo prazo alimenta a fadiga.

Mesmo se você não comer demais depois de pular o café-da-manhã, as calorias que realmente consome acabam sendo armazenadas como gordura corporal. Estudos da Universidade de Vanderbilt concluíram que as mulheres que tomaram o desjejum perderam mais peso que as que não tomaram, embora os dois grupos consumissem a mesma quantidade de calorias. Outro estudo do Centro de Pesquisa em Nutrição Humana do USDA, em São Francisco, descobriu que as mulheres em dieta que tomaram o café-da-manhã perderam mais peso do que aquelas que ingeriram a maior parte de suas calorias mais tarde, ao longo do dia.

O café-da-manhã não apenas intensifica sua energia ao longo do dia como melhora seu desempenho físico se você se exercita logo cedo, ajuda a manter o peso e melhora sua saúde, além de prevenir a fadiga mental. Vários estudos comprovam que as pessoas que tomam o desjejum pensam melhor e mais rápido, têm memória melhor, reagem a situações mais rapidamente e são mentalmente mais hábeis que as que dispensam a primeira refeição do dia. O efeito perdura por até quatro horas depois de terminada a refeição matutina.

É a glicose presente no café-da-manhã que acelera o desempenho intelectual. Esse combustível de "alta octanagem" melhora a aprendizagem, a memória e o pensamento, prevenindo a perda de informações recém-adquiridas e aumentando a capacidade de aquisição e armazenamento de informações no cérebro.

Dispense o desjejum e os níveis de lactato, ácidos graxos livres e beta-hidroxibutiratos no sangue aumentam, o que reflete o estresse fisiológico do cérebro quando seu combustível preferencial está em falta. O segredo para pensar com clareza e evitar a fadiga mental é tomar um café-da-manhã que forneça o tipo certo e a quantidade adequada de glicose.

Não caia na armadilha

Espero que eu a tenha convencido de que comer sem pensar é uma armadilha que você precisa evitar e que comer regularmente ao longo do dia, começando com o café-da-manhã, é uma das formas para superá-la. Não basta você se decidir a mudar e fazer planos para manter uma boa alimentação. Você tem de pôr a mão na massa!

Mantenha um diário

Uma forma de conhecer o que, quanto e quando você come é manter um diário alimentar durante uma semana. É o que o Registro Nacional de Controle de Peso, em um estudo em andamento da Universidade Brown, e Anne Fletcher, independentemente, descobriram que as pessoas que emagreceram fazem para manter seu peso. Um dos aspectos que a maioria dessas pessoas tem em comum é o fato de manter registros de tudo o que consumiam durante a fase de emagrecimento e, depois disso, sempre que observavam alterações, mesmo que fosse um pequeno aumento de 2 quilos em seu peso.

Manter um diário é uma forma de se conscientizar sobre o que você coloca na boca. "Sou uma grande defensora dos diários", declara Debra Waterhouse, que gosta de chamar essa atividade de "Mapeando as armadilhas": "Anotar nosso consumo, mesmo que seja por poucos dias, traz à consciência o hábito de comer sem pensar".

Quanto mais precisa e honesta você for ao registrar tudo o que come, mais informações obterá sobre quais hábitos alimentares deve mudar e quais hábitos são saudáveis. Você ficará surpresa com o que vai descobrir. "Você pode pensar que come apenas três vezes por dia, mas depois de começar um diário perceberá que come sem parar", diz Debra.

Uma mulher disse que não fazia idéia da freqüência com que devorava um biscoito ou beliscava os doces deixados na mesa da cozinha, até começar a escrever um diário. Esses pequenos lanchinhos pareciam inocentes, mas quando ela somou as calorias ao final do dia descobriu que havia ingerido mais de 400 calorias em pequenas mordidas.

Anote em detalhes o que, quanto e quando você come. Se tiver tempo, também registre como se sentiu antes e depois de comer, com quem estava ou se estava sozinha e onde você consumiu o alimento.

Escolha um pequeno caderno e uma caneta. Aqui estão as orientações básicas para manter um diário:

- **Seja específica.** Anote tudo e em detalhes. Um registro em que se lê "comi muito" é geral demais. Uma descrição mais detalhada informaria: "Às 11 da manhã, tomei cinco colheres de sopa cheias de sorvete de chocolate direto do pote enquanto assistia à TV. De novo, às 11h45, tomei mais quatro colheres de sopa de sorvete com um punhado de chocolate granulado". Esse exemplo fornece informações específicas sobre os tipos de comida que você procura, mostra que come sem pensar enquanto assiste à TV e indica que tende a comer em certas horas do dia.
- **Seja honesta.** Não deixe o sentimento de culpa impedi-la de anotar aquela mordidinha no ovo de Páscoa de sua filha enquanto você limpava o quarto dela. Escreva tudo! Muitos comportamentos alimentares interessantes só se revelam quando você mantém registros completos.
- **Seja eficaz.** Sua lembrança é melhor no momento em que você come. Se esperar até a noite ou o dia seguinte para fazer suas anotações, terá esquecido metade do que comeu.

Depois de uma semana, leia seus registros e procure identificar padrões de comportamento. O simples ato de escrever tudo o que consome pode ter aberto seus olhos para o número de vezes que você coloca alguma coisa na boca sem saber.

Uma boa leitura de seus registros pode trazer outras surpresas. Por exemplo: uma mulher descobriu que petiscava mais biscoitos nas manhãs frias de outono. Nesses dias, ela dormia até mais tarde e não tinha tempo de tomar o café-da-manhã; por isso ficava mais predisposta a consumir pães e bolachas do que nos dias mais quentes. Ao tomar consciência desse comportamento, ela voltou a tomar o café-da-manhã e conseguiu conter seu apetite por biscoitos.

Realmente preciso disso?

Comer sem pensar é algo diferente para cada mulher, assim como as formas de lidar com o problema. Por essa razão, manter um diário alimentar não é para todas. "Escrever um diário é um fardo que algumas pessoas não querem carregar. Para essas, o diário é, na verdade, um tiro pela culatra, pois o foco constante na comida acaba provocando um efeito contrário", esclarece Richard Mattes. Ele sugere que essas pessoas prestem atenção redobrada ao que levam à boca: "Comer sem pensar não é motivado por uma vontade genuína nem satisfaz uma necessidade particular; por isso, toda vez que você for colocar algo na boca, pergunte-se: 'Realmente preciso disso?' Esse recurso pode ser suficiente para quebrar o hábito".

Outra estratégia é encontrar o momento do dia em que você se sente mais propensa a comer sem pensar, e agir. Susan Moores recomenda examinar o que você faz antes e depois de cada refeição: "Muitas vezes, vejo que quando uma mulher consegue fixar sua atenção em um fato rotineiro, como o jantar, ela é capaz de identificar com mais facilidade os hábitos que arruínam suas melhores intenções de comer bem".

Procure ficar ainda mais atenta ao hábito de beliscar nos momentos em que prepara as refeições e arruma a cozinha. Você prova a comida várias vezes, belisca os aperitivos ou toma vinho enquanto faz o jantar? Ou é a rainha da limpeza e come todas as sobras em vez de descartá-las? Procure identificar pequenos e sutis comportamentos que a levam a ingerir calorias extras.

Assim que você identificar os hábitos que a impedem de emagrecer ou ser mais saudável, estará pronta para desenvolver um programa para mudar seu comportamento e não cair mais nessa armadilha.

Escolha um hábito melhor

Mudar o hábito de comer sem pensar não exigirá enormes esforços. “A melhor forma de transformar consistentemente seus hábitos alimentares é fazer pequenas mudanças de cada vez, como não comer as sobras de alimentos enquanto você arruma a cozinha. Esse pequeno passo não

LEIA SEU DIÁRIO

As seguintes questões abordam alguns temas que você deve considerar ao ler seu diário:

- Com que freqüência arrebato pequenos bocados de alimentos do prato de outra pessoa, da geladeira, das sobras ou do pacote de biscoitos do meu filho?
- Que tipos de comida sou mais propensa a beliscar: legumes e outros alimentos saudáveis ou guloseimas industrializadas, gordurosas ou doces?
- Que situações disparam um comportamento inconsciente que me impele a beliscar? Por exemplo: quando a comida está na minha frente, quando outras pessoas estão comendo, em determinada hora do dia, o cheiro da comida, um clima de festa, após uma xícara de café, quando estou estressada ou triste?

exige nenhuma grande mudança no tipo de comida que você consome nem no modo como se alimenta, mas, a longo prazo, pode resultar em benefícios significativos para sua saúde", orienta Richard Mattes.

Preste atenção à comida

O modo mais óbvio para deixar de comer sem pensar é *comer apenas quando você estiver prestando atenção à comida* e, de preferência, somente refeições e lanches que foram planejados. Nada deve entrar em sua boca, a não ser água, em qualquer outro momento.

Antes de comer você deve olhar para a comida, sentir seu aroma e, só então, saborear os dois primeiros bocados lentamente. Esse simples exercício nos ajuda a prestar atenção em algo que sempre fazemos de forma inconsciente.

- Qual é o meu padrão alimentar: fazer três grandes refeições por dia, pular refeições ou comer irregularmente, preferir pequenas refeições e lanches fracionados ao longo do dia ou outro?
- O que estou fazendo quando como: minha atenção está na comida ou estou ocupada com outras coisas?
- Que desculpas ou razões costumo dar para comer?
- Que pensamentos ou emoções me levam a beliscar?
- De que modo outras pessoas influenciam minha decisão de comer: com sua presença, suas demandas, ou a visão que tenho delas se alimentando?
- Quanto do meu consumo alimentar é planejado e quanto apenas acontece espontaneamente?
- Eu como rápido demais? O que acontece quando como muito depressa?
- O que acontece logo antes de eu começar a beliscar?

Ou então você pode se perguntar: "Com que freqüência me sento para comer?". Se sua resposta for nunca, ela é uma boa indicação de que você precisa ter um local para se sentar e comer somente ali. Não coma direto da travessa, do pote ou do pacote. Prefira se servir de uma porção em um prato, leve-o à mesa, respire profundamente e sinta o prazer de comer com consciência. Prometo que você irá se deliciar muito mais com os sabores, aromas e texturas dos alimentos quando estiver prestando atenção. Também poderá descobrir que assim come menos e de maneira mais saudável.

Encontre soluções no seu diário

Você encontrará todo tipo de idéias para cortar pela raiz o hábito de comer sem pensar lendo seu diário alimentar. A cozinha é um alvo preferencial por exalar calorias invisíveis. Em vez de consumir as calorias equivalentes a um jantar completo antes mesmo de se sentar para comer, procure mascar chiclete ou beber água gelada enquanto prepara a comida. Ou prefira petiscos saudáveis com baixas calorias. Beliscar minicenouras ou fatias de maçã é uma opção bem melhor que dar cabo do pacote de batatas fritas enquanto você cozinha.

Quando o assunto é ciscar após uma refeição, recomenda Susan Moores: "Você poderia pedir a alguém da família para arrumar a cozinha, assim não seria tentada pelas sobras, ou outra pessoa poderia ajudá-la, e assim vocês conversariam, em vez de comer". Se nada disso der certo, jogue as sobras no lixo ou coloque toda a louça de molho na pia. Seja criativa e encontre soluções para seu hábito de comer sem pensar.

Se você come do prato dos outros, em casa e em outros lugares, pode resolver só comer os alimentos servidos em seu prato. "Assim, você poderá decidir o que quer comer e, então, servir-se de uma porção adequada no seu prato", ensina Barbara Rolls, professora de Nutrição na Universidade do Estado da Pensilvânia. "Dessa maneira, você tem o controle total sobre quanto consome e fica menos predisposta a ultrapassar essa medida."

Coma consistentemente, não constantemente

Wayne C. Callaway, ex-professor de Medicina da Universidade George Washington, recomenda estabelecer um padrão consistente de alimentação que, no prazo de algumas semanas, irá ajudá-la a reprogramar seu relógio biológico do apetite e da fome. Leia com cuidado seus registros alimentares para rever o que e como você come. "Procure entender não apenas os tipos de comida que escolhe, mas também como distribui seu consumo ao longo do dia", diz ele. As pessoas que pulam refeições são propensas a consumir comida do tipo pegue-e-coma durante todo o dia e, depois, comer em excesso no fim da tarde ou à noite. Nesse caso, você deve redistribuir a comida, tomando um nutritivo café-da-manhã, levando pequenos lanches para comer quando sentir fome durante o dia e tendo um jantar moderado. Nada de beliscar entre essas refeições.

Tome o café-da-manhã

Se seu diário revelar que a causa do seu hábito de beliscar é o fato de você pular o café-da-manhã, comece a tomá-lo, mesmo se não tiver fome. "Leva de duas a três semanas para reajustar o relógio do apetite", diz Callaway. Com isso, e se houver escolhido os alimentos corretos, você deve notar um aumento de energia e vigor mental. Evite as opções com alta concentração de açúcar, como pão doce e café preto; elas fornecem um aumento inicial de energia, mas podem deixá-la sonolenta em poucas horas. O melhor café-da-manhã é energético, leve e saudável e, para tanto, deve combinar um pouco de proteína, como leite ou queijo branco, com boa quantidade de carboidratos, como cereais matinais, torradas ou pão integral *light*.

Comer com consciência

Os alimentos são mais do que simplesmente o que você come. Também envolvem o modo como se alimenta e com quem. "Comer com consciência e reconhecimento – quer dizer, comer não apenas *para* o coração, mas também *com* o coração – afeta o modo como a comida é metabolizada e utilizada pelo corpo", informa Deborah Kesten, autora de *The Healing Secrets of Foods* [Os Segredos Curativos dos Alimentos]. Ela acredita que um alimento é mais saudável quando consumido com calma, em um ambiente tranqüilo e em boa companhia.

Por outro lado, comer avidamente, em situações de estresse ou raiva e em meio a discussões à mesa são experiências associadas ao aumento dos fatores de risco de doenças e à saúde precária. "O que você come é importante", diz Deborah, "mas como e com quem você come também

GUIA PARA O CAFÉ-DA-MANHÃ EM 3 PASSOS SIMPLES

O típico café-da-manhã saudável pode ser preparado em cinco minutos e é simples como uma tigela de cereal com leite desnatado e um copo de suco de laranja. Aqui estão algumas regras:

1. **Inclua duas porções de frutas (ou legumes) da seguinte lista:**
   - 170 mililitros (um copo médio) de suco de fruta ou legume 100% natural (evite todos os sucos concentrados, pois essas bebidas são, na verdade, principalmente água com açúcar. Prefira sucos de laranja, tangerina, abacaxi com laranja ou cenoura feitos 100% com a própria fruta ou legume e, de preferência, preparados na hora).
   - Uma fruta como ameixa, pêra, maçã, banana, laranja, papaia (metade), pêssego, mexerica, goiaba ou kiwi, ou 1 xícara de melancia ou melão em cubos.
   - Frutas secas: 2 colheres das de sopa ou mais.

2. **Escolha de uma a três porções de um alimento rico em carboidratos e em fibras, da seguinte lista:**
   - Uma fatia de pão de trigo integral ou uma porção equivalente de outro tipo de pão ou biscoito integral light de sua preferência.

é essencial para a sua saúde física e mental, assim como para a nutrição da sua alma."

Diminuir o ritmo e comer com consciência funcionou para Laura. Ela confidencia: "Comer inconscientemente era apenas um sintoma de como minha vida havia se tornado frenética. Assim que comecei a reduzir a agitação e a prestar atenção ao que eu comia, tomei mais consciência da minha vida como um todo. Hoje, escolho somente alimentos nutritivos e deixei de devorar as sobras das crianças, só porque estavam lá. Perdi peso, mas, o mais importante, sinto-me ótima no controle da minha alimentação".

- Uma fatia pequena de bolo, de preferência feito com farinha integral, farelo de trigo, com pouco açúcar ou com frutas.
- Uma fatia de pão de milho.
- 30 gramas de cereal matinal.
- 1/2 xícara de um cereal integral cozido, como aveia ou germe de trigo.

3. **Escolha uma porção de um alimento rico em proteínas, da seguinte lista:**
   - Leite ou iogurte desnatado ou semidesnatado (1 xícara), ricota (60 gramas) ou queijo branco *light* (1 fatia média)
   - Uma fatia fina de frios de ave, como peito de peru ou chester *light*
   - Um ovo cozido ou duas claras de ovo

ARMADILHA Nº 2

Colocar as necessidades dos outros em primeiro lugar

Quando conheci meu marido, eu era vegetariana e ele gostava de "lombo assado com batatas e molho". Passei a cozinhar para nós, mas, quando eu preparava tofu grelhado, saladas e torta de legumes, ele ficava "no meu pé", sugerindo outras coisas e reclamando. A pressão dele aumentou até que comecei a servir peixe e frango e a aceitar comida industrializada em nossa casa. Então, as crianças nasceram, e o salmão com molho de gengibre e as panquecas com ervas foram substituídos por macarrão ao molho de queijo, cachorros-quentes com salsicha *light* e pizza. Eu nem podia servir peito de frango que as crianças reclamavam que era muito seco e difícil de mastigar. Minha dieta mudou lentamente, e encontrar tempo para me exercitar tornou-se um desafio cada vez maior à medida que eu me submetia às necessidades da família.

Minha história não é incomum. As mulheres são famosas por colocar as necessidades dos outros em primeiro lugar. Escolhemos o melhor alimento possível (embora nem sempre façamos a escolha perfeita) quando estamos sozinhas. Porém, basta estarmos na presença de nossos companheiros, parentes, amigos ou de nossos filhos para comer e beber mais, preferir costeletas ou batatas gratinadas a saladas e consumir mais calorias, gordura e açúcar.

A tentação de desviar de nossos objetivos alimentares vai além da família e dos amigos. Ela está em todo lugar. Kelly Brownell, professora de Psicologia da Universidade de Yale, chama nossa sociedade de "ambiente tóxico": "Estamos expostas a um estoque sem precedentes de comida de baixa qualidade, que está disponível em todo lugar, é barata, enormemente divulgada e de bom sabor". Uma pesquisa revelou que a tentação e a pressão para comer alimentos altamente calóricos são o obstáculo número 1 que impede 43% das mulheres de manterem uma dieta saudável.

Ceder a tais pressões – e também às preferências e demandas de outras pessoas – pode ocorrer a qualquer hora, em qualquer lugar e com qualquer uma. Entretanto, existem cinco situações clássicas em que muitas mulheres se sentem tentadas a se afastar de seu firme propósito de se alimentar bem: ao casar-se, cuidar das crianças, freqüentar festas de família, sair com os amigos e comer fora.

Amor e casamento: juntos na alimentação

À espera do grande dia, a noiva chega a passar fome para alcançar o peso desejado, mas assim que a cerimônia de casamento termina a comilança se inicia. Troque a agitação social pela vida doméstica e você terá mais noites em frente à televisão, mais comida ao alcance da mão, mais álcool, menos tempo para a ginástica e uma preocupação menor em controlar cada caloria. "Agora que sou casada jantamos fora mais vezes, vamos mais ao cinema com um balde de pipocas ou dividimos um *sundae* na sorveteria. Estou bem com meu marido, por isso ganhar uns quilinhos não é um grande problema", conta Patrícia, editora de uma revista.

De fato, as mulheres engordam de 3 a 4 quilos nos dois primeiros anos de casamento e 11 quilos em média em treze anos de vida conjugal. Infelizmente, as mulheres casadas ganham 19 quilos. De acordo com um estudo realizado pela Universidade de Cornell, os recém-casados engordam mais que os solteiros, viúvos ou divorciados.

"Um dos fatores que levam ao ganho de peso após o casamento é o fato de que as mulheres perdem sua independência alimentar", explica Edward Abramson, professor da Universidade do Estado da Califórnia e autor de *Inteligência Corporal*. "Antes do casamento, quando uma colega sugere carne assada com molho para o jantar, uma mulher poderia responder dizendo: 'Ótimo! Avise-me quando estiver pronto'. Porém, agora ela concilia suas necessidades nutricionais com as de seu companheiro e, em geral, é ela quem cozinha". A maioria das mulheres ainda é responsável por comprar a comida e cuidar da alimentação da família, o que as coloca em contato permanente com a oportunidade de ganhar peso.

Também consumimos mais quando estamos acompanhadas do que quando sozinhas. Somos capazes de nos contentar com uma refeição frugal de 350 calorias composta por uma entrada e salada quando desacompanhadas, porém basta dividir o jantar com o companheiro e as calorias chegam a triplicar. Isso porque levamos mais tempo para terminar a refeição, consumimos alimentos que normalmente não escolheríamos e bebemos mais. "É comum uma mulher solteira gastar muita energia fazendo dieta para permanecer no jogo da sedução. Uma vez casadas, fica difícil manter esse esforço", diz Abramson. A mentalidade sutil, muitas vezes inconsciente, do "agora que consegui agarrá-lo, não tenho de me sacrificar" pode levar a um gradativo relaxamento da dieta. E se descuidar noite após noite, semana após semana, por meses e anos seguidos significa que muitas mulheres incorporam algum peso extra ou se afastam de seus planos para se alimentar de maneira saudável.

Os homens conseguem deixar de comer demais; nós não

Em geral, as pessoas tendem a adotar os hábitos alimentares de seus companheiros. Para as mulheres, isso significa comer mais carne, molhos e pizza, e menos salada. Jeffrey Sobal, da Universidade de Cornell, diz: "Pense nisso: você vai comer com essa pessoa pelo resto de sua vida. Por isso, provavelmente você se sentiria melhor ao lado de alguém que compartilhasse de seus hábitos alimentares". Mas *isso* é realmente possível? Muito pelo contrário: muitas mulheres, como eu mesma, acabam na cozinha com um parceiro cujos hábitos alimentares são tão diferentes dos delas como Marte é de Vênus.

Os homens podem comer mais sem que as calorias se acumulem em seus quadris e coxas. "Uma mulher já terminou de jantar, mas seu marido ainda não. Como não é gentil deixá-lo sozinho à mesa, a mulher lhe faz companhia e, enquanto conversam, ela belisca a comida na travessa ou se serve de outra porção", diz Abramson. Mesmo um homem sedentário pode devorar até 2.900 calorias por dia sem ganhar um grama, ao passo que sua igualmente sedentária esposa pode engordar com apenas 1.600 calorias. Em conseqüência dessa diferença, os homens podem se dar ao luxo de desperdiçar calorias em salgadinhos e aperitivos enquanto para a mulher cada migalha pesa na balança.

Em geral, os homens são atraídos por carnes gordas, cerveja e bebidas alcoólicas e repelem alimentos pouco calóricos e ricos em fibras como legumes, frutas e cereais integrais. Uma salada de rúcula com grão-de-bico e queijo branco fornece as proteínas, o ácido fólico e o cálcio de que uma mulher precisa, sem as calorias; mas muitos maridos diriam que salada não é refeição, pois não contém carne. Além disso, se uma mulher comer como um homem, ela agirá em favor do aumento de peso e o entupimento de suas artérias. Em resumo: a igualdade pode ser ótima em muitos aspectos do casamento, mas, consuma o que ele consome e, "vapt-vupt", você engordará rapidamente.

A desigualdade entre os sexos é ainda mais pronunciada nos restaurantes. "Antes de nossos filhos nascerem, meu marido e eu adorávamos sair para comer a fim de conversar longe dos problemas de casa", conta a assistente de dentista Liana. Ela sempre pedia a mesma comida que seu marido ou algum prato que jamais sonharia em comer em casa. Resultado: ela engordou mais de 3 quilos durante o primeiro ano de casamento.

Faça as contas e você verá como é fácil ganhar peso. Peça uma porção de *nuggets* de frango em vez de frango grelhado com salada e você consumirá 300 calorias extras. Continue agindo assim dia após dia e essas calorias resultarão em um aumento de peso de 14 quilos em apenas um ano! É claro que não engolimos essas calorias todos os dias, mas mesmo fazendo essa extravagância uma vez por semana isso pode representar 2 quilos extras no final do ano.

De que lado ele está?

Quando o peso excede os limites razoáveis e as mulheres decidem mudar essa situação, muitas não recebem o apoio que esperavam de seus companheiros. Grande parte das mulheres que procuram especialistas para combater a obesidade afirma que a sabotagem é o maior obstáculo aos seus esforços.

"Existe uma série de razões que explicam por que alguns maridos procuram minar a tentativa de suas parceiras de emagrecer", diz Abramson. Um homem pode temer que, se sua esposa abrir mão do sorvete ou das batatas fritas e ficar em forma, ele terá de fazer o mesmo. Enquanto ela estiver acima do peso, ele também poderá ser gordo. "O fator de reciprocidade é uma razão comum para a sabotagem", afirma o professor, que cita o exemplo de um marido que tem problemas com a bebida, o jogo ou o fumo e sente que, enquanto sua esposa não conseguir perder peso, ele não precisará abandonar o seu vício. "Há também o fenômeno do cinto de castidade, no qual os pneus em volta da cintura dela são a desculpa dele para a melancólica vida amorosa dos dois; ou, ainda, o marido teme que se a esposa emagrecer ele não será mais bom o bastante para ela." Em outras palavras, ele pode sabotar os planos dela para não ter de enfrentar problemas mais profundos, mais difíceis ou mais pessoais.

Você saberá quando tem um caso de sabotagem nas mãos se:

- Em vez de aprovar o salmão com salada, ele reclamar que não é lombo assado com molho.
- Ele se queixar de que você não compra mais as guloseimas de que ele tanto gosta.
- Ele se oferecer para fazer as compras no supermercado e levar para casa toneladas de alimentos tentadores, que obviamente não estão na sua dieta.
- Em vez de caminhar com você depois do jantar, ele trouxer uma caixa de chocolates para recompensar seus esforços.

- Ele reclamar que se sente sozinho quando você sai para fazer ginástica.
- Ele criticar o preço da mensalidade da sua academia, das aulas de aeróbica ou do equipamento de condicionamento físico.
- Depois de você ter banido as frituras de casa, ele a surpreender com uma porção de batatas fritas.
- Quando todas as investidas dele falharem, ele se tornar furioso, sem razão aparente.

Um forte grupo de apoio é essencial para a mulher se manter determinada em seu plano de alimentação saudável, bem como para eliminar os quilos extras e permanecer magra. Pesquisas mostram que as mulheres têm mais êxito em manter hábitos alimentares benéficos quando seus companheiros participam de sua dieta e de sua rotina de exercícios. Em um estudo, as mulheres se mostraram três vezes mais predispostas a persistir em seu programa de emagrecimento e perderam 35% mais peso quando seus maridos as acompanharam do que quando se aventuraram sozinhas. Elas também são mais propensas a seguir uma dieta saudável que reduz, por exemplo, o risco de doenças cardiovasculares se puderem contar com o estímulo de seus amados.

Filhos e aumento de peso

As mulheres enfrentam um desafio ainda maior quando os filhos nascem. Pergunte a qualquer mãe, e ela lhe dirá que era bem mais fácil manter a feminilidade antes das noites sem dormir, da alimentação irregular, da falta de tempo para a ginástica e do estoque de salgadinhos e bolachas recheadas sempre disponível em casa. Segundo um estudo da Universidade Duke, as mulheres se defrontam com um aumento de 7% no risco de desenvolver problemas de peso a cada filho. Por outro lado, a presença de um bebê em casa afeta apenas moderadamente o risco de um homem vir a engordar. "Desde que as crianças nasceram, virei uma malabarista, procurando equilibrar casamento, cuidado com os filhos, carreira, tempo para a ginástica e trabalho voluntário, sempre colocando a família e o emprego em primeiro lugar. Isso quer dizer que minha própria saúde, muitas vezes, fica em segundo plano", relata Mônica, professora e mãe de duas crianças pequenas.

Como vimos no capítulo anterior, as mães beliscam as sobras de seus filhos enquanto arrumam a cozinha e também quando usam o método "um pra mim, um pra você" ao alimentá-los. Também temos uma tendência para comer, mesmo sem fome, quando as crianças estão por perto. "O jantar é a única refeição que faço com meus filhos durante a semana", conta Geni, que trabalha fora; "Por isso, sinto que tenho de comer com eles, mesmo se não estiver com fome". Sueli, artista gráfica, acostumou-se a servir o jantar dos filhos no início da noite e acabava comendo com eles. "Meu marido", lembra ela, "chegava em casa entre 8h30 e 9 da noite e eu tomava uma taça de vinho e jantava de novo com ele." Como conseqüência, o tamanho de seu manequim aumentou dois números em seis anos.

Comida e pressão social

Mesmo se não for casada nem tiver filhos, você deve se sentir tentada a comer demais quando sai com amigos ou parentes. Se uma amiga lhe diz casualmente "estou faminta", apesar de, no minuto anterior, a idéia de comer nem sequer passar pela sua cabeça, depois desse comentário você também fica com fome. Um estudo da Universidade de Toronto relatou que várias pessoas afirmaram ter fome depois de serem informadas de que outras pessoas que haviam estado na mesma sala antes delas haviam sentido muita fome. Não apenas a fome é contagiosa como também, quanto maior o número de pessoas presentes, mais faminta você poderá ficar e mais comida poderá comer, principalmente se seus acompanhantes gostarem de uma boa mesa.

A pressão familiar também pode ser muito desencorajadora. A sogra que recorre à chantagem emocional para fazê-la aceitar mais um pedaço de bolo de chocolate, ou o pai que acha que você está muito magra e despeja outra porção de purê de batatas no seu prato, são pessoas a quem "apenas dizer não" pode ser bem difícil.

Estela, executiva de relações públicas, confirma o problema: "Toda vez que visito minha sogra, não importa quanto eu me esforce, sempre acabo comendo muito. Minhas resoluções parecem desaparecer no momento em que alguém me oferece um croquete de carne. Uma taça de vinho, e o último resquício da minha força de vontade voa pela janela. Uma vez que começo a beliscar, não consigo mais parar e sou conhecida por limpar uma bandeja de bolinhos de bacalhau".

A advogada Michele confessa: "Não resisto ao menor apelo. Minha mãe faz o melhor doce de batata-doce que já experimentei. Começo com uma pequena quantidade, mas basta ela me pedir para comer mais e lá vou eu me servir de mais uma generosa porção".

Amigos e parentes podem ser hábeis sabotadores. Talvez sua irmã não se sinta à vontade comendo sozinha na sua frente. Talvez uma boa amiga a provoque para ver se você está firme em seus propósitos. Uma prima a pressiona quando pára em frente a uma sorveteria e diz: "Eu tomo um se você tomar um também", ou "Vamos, divide só um comigo!". É claro que pode não ser sabotagem deliberada, no entanto problemas como esses não são responsabilidade sua, e você não deve assumi-los, concordando em comer.

Você é constantemente tentada por irresistíveis guloseimas, justamente quando está mais vulnerável. Talvez você possa recusar o bolo de aniversário na festa do escritório e depois sucumbir aos apelos de sua mãe para comer mais uma fatia de manjar branco feito em casa. Talvez você possa delicadamente dizer não aos biscoitos amanteigados oferecidos pelos vizinhos e depois cair de boca nas rabanadas preparadas por sua avó. Além disso, há as visitas de cortesia, os jantares na casa de amigos e as gulodices diárias no escritório. "Tenho devorado toneladas de todo tipo de quitutes só para me sentir aceita", conta Valéria, gerente de segurança de aeroportos. "Eu até comi pernil no Natal, e eu detesto pernil!"

Às vezes, parece que os feriados existem apenas para pôr à prova quanta tentação uma mulher pode suportar! Não é surpresa se engordamos 1 ou 2 quilos durante os feriados, o que equivale a 7.000 calorias extras em bebida, doces variados e comidas caseiras. Não tema. Dominar alguns simples estratagemas, que discutiremos neste capítulo, é tudo o que você precisa para resistir à tentação e à pressão das pessoas queridas.

Comer fora pode nos arruinar

Vamos agora tratar dos encontros sociais em restaurantes, em que os cardápios e todo o ambiente nos seduzem para comer mais do que queremos. Muitas de nós ainda mantêm a antiga mentalidade de que comer fora é uma "ocasião especial". Por isso, em geral, não questionamos as calorias nem a qualidade nutricional de uma refeição e estamos prontas a ceder aos pratos suculentos ou gordurosos que não sonharíamos comer em casa. Inventamos desculpas como: "Estou pagando pela comida; assim, posso muito bem terminá-la", "Só esta vez não fará mal", "Detesto desperdiçar comida", ou "Pobre de mim, mereço um agrado". Enquanto vigiamos cada caloria extra em casa, fechamos os olhos a iguarias misteriosas servidas por estranhos em um restaurante, sem considerar suas conseqüências calóricas.

Essa mentalidade nos traz problemas, pois comida de restaurante é normalmente muito mais rica em calorias e gorduras que as refeições preparadas em casa. Também costuma ser rica em gordura saturada e pobre em fibras, cálcio e ferro porque em sua preparação não entram hortaliças de todas as cores, cereais integrais, leite desnatado ou leite de soja e leguminosas.

As lanchonetes são ainda piores. Para vencer os concorrentes, oferecem porções cada vez maiores. Essa comida do tipo "vale quanto custa" é extraordinariamente gordurosa e calórica. Não se deixe enganar pelas saladas *fast-food*. Elas até aparentam ser saudáveis, mas muitas vezes têm grandes quantidades de gordura e calorias. Tomemos, por exemplo, a Premium Salad Crispy com molho do McDonald's, que, além de folhas, tomate e cenoura, contém uma porção generosa de queijo parmesão, mussarelinhas, pãezinhos, frango frito crocante e muitas calorias. Não é à toa que o risco de uma mulher ter problemas com seu peso aumente com o número de vezes por semana que ela come fora.

Não caia na armadilha

A regra de ouro da alimentação saudável é comer apenas quando você sentir fome de verdade, e não porque alguém lhe oferece comida, ou deseja a sua companhia à mesa, ou faz um pedido no restaurante, ou porque está comendo na sua frente. Ao se alimentar, pare quando se sentir satisfeita, não empanturrada. Comece a ouvir o seu corpo. Fique ligada nos sinais naturais de fome, procurando distinguir a fome fisiológica (os sintomas da fome verdadeira incluem sensação de estômago vazio e roncos na barriga) da fome emocional (comer porque a comida está disponível ou porque alguém quer que você coma).

Se você estiver com fome de verdade, pergunte-se: "O que poderia saciar essa fome?". E coma o que lhe apetecer, e não o que alguém lhe oferece ou a pressiona a comer. Coma com consciência. Preste atenção à comida e aproveite cada pedaço de alimento. No meio da refeição, pare, recoste-se na cadeira e preste atenção ao seu corpo. Se ainda sentir fome física, coma mais um pouco, pare e ouça seu corpo mais uma vez. Pare quando estiver saciada e diga não a uma segunda porção.

O plano: estabeleça limites

Muito bem. Você saciou sua fome fisiológica e sabe que não quer outra garfada. Como resistir à tentação? Como persistir no propósito de comer bem, apesar de ter uma família que prefere pizza e sorvete? Como se divertir nas reuniões de família sem se empanturrar com comidas que nem mesmo lhe apetecem? Como comer fora sem devorar toda a travessa de comida?

O primeiro passo para resistir às tentações é se conscientizar do modo como as outras pessoas influenciam seus hábitos. Por uma semana, monitore sua interação com os outros nas ocasiões em que haja comida. Não julgue. Não critique. Apenas observe mantendo a atitude do "Hum, muito interessante!". Muito provavelmente, você irá identificar alguns padrões de comportamento e, a partir dessa informação, avance para o segundo passo, que consiste em desenvolver um plano.

Seja em casa com seu companheiro ou filhos, seja nas reuniões de família, seja em um restaurante com amigos, a questão que envolve a comida precisa ser abordada com estratégias específicas, que fazem parte de um plano. E esse plano a ajudará a responder adequadamente à oferta de alimentos, à pressão social ou às tentações para comer demais. Use o formulário "Meu plano para resistir às pressões para comer", ao final deste capítulo, para criar estratégias mais adequadas ao seu caso. Por exemplo:

- Em casa, com seu companheiro, você pode se propor a comer bem devagar, de modo a ter mais tempo para reconhecer quando ainda tem fome ou está satisfeita. Outra tática possível é levar seu prato e talheres para a cozinha assim que terminar a refeição, o que ajuda a evitar a tentação de repetir a comida ou beliscar o prato dele.
- Faça um acordo com seu parceiro para não presentearem um ao outro com comida nem usá-la como divertimento. Visite um museu ou vá ao cinema em vez de sair para tomar sorvete. Outras alternativas incluem criar rituais que não envolvam comida, como ler um livro em vez de se encher com pizza na sexta-feira à noite.
- Determine um limite para beliscar alimentos no prato das crianças: não mais que duas garfadas, mas só depois que elas tiverem terminado.
- Prepare-se para as pressões dos parentes em relação à comida. Pense no que irá dizer com antecedência para combater as tentações.

- Antes de chegar a um restaurante, tome a decisão de pedir alimentos grelhados, sem gordura, de dispensar o pão e a manteiga e de evitar saladas com guarnições calóricas, como queijo, presunto, *croutons*, *bacon* e molhos gordurosos.

Faça a coisa certa

Grande parte de seu plano para resistir às tentações depende de uma comunicação eficiente. Você precisa falar, ouvir e definir os comportamentos que deseja encorajar nos outros.

- **Fale com clareza.** Peça a cooperação de todos. Prepare-se para dizer não e manter sua opção. Expresse-se de modo cortês mas firme e comunique claramente suas resoluções. Independentemente do motivo ou da situação, recuse todo alimento que você não deseja e continue a recusá-lo até que os outros entendam e aceitem sua posição. Não é preciso afrontar; basta dizer, gentil e educadamente: "Não, obrigada". A uma amiga que se nega a aceitar um não como resposta quando ela lhe oferece uma segunda porção, diga: "Não, obrigada; adoraria comer mais, mas estou satisfeita". Quando seu marido a convidar para tomar um *milk-shake*, responda: "Eu lhe faço companhia enquanto você toma o seu *milk-shake*, mas não quero as calorias extras".

  Além de se sentirem ameaçadas ou enciumadas, algumas pessoas entendem a alimentação saudável como privação de comida. Portanto, explique que você se alimenta bem e sacia sua fome e as necessidades de seu organismo. Se amigos ou parentes menosprezarem seus esforços para ter uma vida mais saudável, não deixe isso atrapalhar seus objetivos. Permaneça firme e os lembre de que você está determinada a fazer essas mudanças.

  Quando sair para jantar fora, proponha a todos escolherem um restaurante que ofereça opções saudáveis. Fique alerta. A sabotagem pode assumir formas sutis, como no caso de uma amiga que diz que você já emagreceu bastante e por isso você tem o direito de sair dos limites. Seja positiva. Seja otimista. Mas seja firme.

- **Ouça.** A comunicação é uma via de duas mãos. Isso quer dizer que você precisa compartilhar seus sentimentos e também ouvir a opinião dos outros. As pessoas são mais dispostas a ouvi-la e a compreender suas necessidades se sentirem que também são ouvidas por você. Preste atenção aos sinais verbais e não-verbais e, às vezes, repita o que a pessoa diz para ter certeza de que entendeu corretamente.

  A compreensão mútua é pré-requisito para conseguir o apoio de que você precisa a fim de manter uma alimentação saudável. Por exemplo: se seu companheiro estiver zangado ou ansioso por temer que suas mudanças de alimentação trarão mudanças para ele também, aproveite essa oportunidade para firmar pactos vantajosos para os dois lados. Considere a possibilidade de preparar o prato favorito dele uma ou duas vezes por semana, e não toda noite. Ou ele cozinha e você faz a salada (e o melhor é que vocês passariam mais tempo juntos).

  Peça às pessoas queridas que estão resistentes ao seu novo plano alimentar para explicar o que sentem e pensam. Para conseguir apoio e resolver problemas, é essencial restaurar a confiança delas.

- **Defina um exemplo.** As pessoas compreenderão melhor o tipo de apoio que você precisa se tiverem um exemplo a seguir. Mostre o que você deseja, cumprimentando outras pessoas por suas realizações e agindo como a amiga que você quer ter.

Você é parte do problema?

É importante ter certeza de que você mesma não colabora com a sabotagem. Crenças e presunções podem levá-la a se sentir obrigada a comer, justamente como no caso de Valéria, que se sentiu obrigada a comer pernil no Natal. Quando uma colega do escritório lhe oferece doce de leite feito em casa, você sente que não é certo recusar um presente, mesmo que ele não esteja nos seus planos alimentares? Se respondeu sim, isso significa que você facilita a sabotagem dos seus objetivos. Você enfrentará dificuldades para lidar com as pressões sociais se estiver preocupada em não magoar os outros quando recusar a comida que lhe oferecem.

A solução é mudar qualquer crença que possa interferir em seus planos e, depois, explicar aos outros o que deseja, de modo que possam ajudá-la a atingir seus objetivos. As crenças e racionalizações que dificultam nossos planos são discutidas na *Armadilha nº 6: Desculpas, desculpas, desculpas*.

ESTOU SABOTANDO MINHA DIETA? UM TESTE

Nossas crenças, presunções e desculpas às vezes nos deixam vulneráveis à sabotagem. Para medir quanto você está vulnerável, responda às afirmações abaixo de acordo com seu grau de concordância e, depois, some os pontos.

1 = Discordo plenamente
2 = Concordo
3 = Concordo plenamente

1. Devo comer sempre que outra pessoa pagar pela comida.
2. Não é certo recusar comida quando alguém a preparou ou a comprou para mim.
3. Prefiro ceder ao pedido dos outros a magoar as pessoas.
4. Também tenho de comer quando vejo os outros se alimentando.
5. Sinto-me culpada por fazer mudanças em minha vida se uma pessoa querida não quer que eu mude.

Comer bem em casa

Ter marido e filhos não é uma passagem sem volta para engordar. Na verdade, homens e crianças não são necessariamente avessos a uma alimentação saudável. "Muitos homens desejam se alimentar corretamente e cuidar bem de si mesmos", atesta Ken Druck, autor de *The Secrets Men Keep* [Os Segredos dos Homens], "mas eles herdaram a crença antiga de que fazer dieta significa passar por privações." O mais importante a lembrar aqui é que, em última análise, a saúde do seu marido é responsabilidade dele, e não sua. No caso das crianças, é sua responsabilidade cuidar da alimentação e servir uma comida saudável, e é responsabilidade delas escolher dentre aquilo que você oferece (ou seja, você pode servir

6. Outras pessoas precisam ou dependem de mim e as necessidades delas são mais importantes que as minhas.
7. Não é elegante recusar comida, ou dizer não, quando alguém quer apenas ser simpático ou útil.
8. Não consigo me expressar ou dizer o que preciso ou quero.
9. A decisão de mudar meus hábitos alimentares é minha; por isso, não é justo pedir a ajuda dos outros.
10. Se você convidar outras pessoas para jantar, deve servir pratos refinados, mesmo que sejam ricos em gordura ou em calorias.
11. Não consigo resistir nem a comidas nem a bebidas quando vou a festas ou a eventos sociais.
12. Eu seria arrogante e inconveniente se dissesse à minha anfitriã para preparar alguma coisa especial para mim, ou se pedisse sua permissão para levar algo de casa para comer; logo, não posso fazer isso.
13. Não devo envolver outras pessoas em meus problemas nem em minha dieta.

couve-dc-bruxelas para seus filhos, mas não pode forçá-los a comer). Não fique desapontada nem irritada quando seu filho ignorar seus conselhos ou quando sua filhar torcer o nariz para seu hambúrguer de tofu ou salada de rúcula. Um dia eles mudarão de idéia. As sugestões a seguir ajudarão a acelerar esse processo:

Defina objetivos realistas. Não espere que seu marido e filhos troquem seus adorados hambúrgueres por brócolis da noite para o dia. Nutrição não está na agenda deles; por isso, o processo levará meses, talvez anos. "Estamos presos aos nossos hábitos alimentares", explica a especialista em Nutrição Mary Donkersloot. "Portanto, mesmo as mu-

(*continuação*)

14. Quando estiver em um restaurante, devo limpar o prato; afinal, estou pagando pela comida.

Pontos:

25 a 42: Sabotadora. Você é a principal responsável por sabotar sua dieta. Suas crenças, presunções e desculpas impedem a realização de seus planos. Comece hoje mesmo a mudar suas convicções para que elas passem a fortalecer, em vez de minar, seus esforços para comer bem e emagrecer.

17 a 24: Cúmplice. Suas crenças e presunções, com freqüência, dificultam os seus planos. Mudar algumas delas pode fazer uma grande diferença no seu êxito.

Menos de 17: Resistente. Parabéns. Você conseguiu desenvolver uma série de convicções construtivas que a ajudarão a atingir seus objetivos.

danças mais simples podem nos parecer uma tarefa monumental." A cada dois ou três meses, defina um novo pequeno objetivo, como trocar leite integral por desnatado ou adotar molhos *light* para a salada. Com o tempo, essas pequenas mudanças farão enorme diferença na sua saúde e na saúde de toda a sua família.

Enfatize o lado positivo. Confrontado com um problema de saúde importante, como o aumento assombroso nos níveis de colesterol, um homem estará mais inclinado a considerar o filé de linguado em vez do filé-mignon. Infelizmente, o medo é um fator de motivação passageiro. Em algum momento, o homem irá adotar uma atitude do tipo "Estou condenado mesmo; assim, prefiro carne". Por essa razão, não espere que ele mude radicalmente ao dizer-lhe que ele morrerá se continuar a comer mal. A melhor abordagem é explicar que ele pode melhorar a própria saúde ao apoiá-la em sua dieta. Por exemplo: não diga que as batatas fritas irão matá-lo; em vez disso, sugira que ele experimente suas cenouras cozidas no vapor porque elas são fonte abundante de betacaroteno, que reduz o risco de câncer (e, ao mesmo tempo, afinam a cintura e melhoram a saúde!).

Perca a pose. "Você pode arruinar todo o seu esforço para reformular os hábitos alimentares de sua família se servir uma refeição saudável e saborosa com uma pose de quem supõe ser superior aos outros", adverte Druck. Livre-se de seus julgamentos e opiniões e vá para a mesa com uma atitude aberta e receptiva.

Mantenha a despensa cheia. Tanto você como sua família poderão consumir mais alimentos nutritivos se eles estiverem ao alcance das mãos. Abasteça a geladeira com comidinhas saudáveis e fáceis de pegar. Quando seu marido e as crianças rondarem a cozinha, encontrarão frutas frescas (já picadas) e secas, iogurte e biscoito integral. As sobras são as melhores amigas de um homem; assim, reserve uma quantidade extra de uma boa refeição para guardar para o dia seguinte. Ele pode aprender a gostar daquela sopa de legumes se a experimentar o bastante (você encontrará orientações para abastecer sua cozinha em *Armadilha nº 5: Começar uma dieta sem um plano*).

Diminua o tamanho das porções. Alguns dos nossos companheiros estão tão acostumados a seus hábitos alimentares que simplesmente se recusam a abrir mão de suas comidas favoritas. Nesse caso, prepare esses pratos em menor quantidade. Um bife médio é sempre melhor que um grande. Então, sirva-se de um pedaço pequeno e compense a diferença com legumes e verduras que irão saciá-la, sem a estufar.

Disfarce os alimentos saudáveis. "A comida-problema em nossa casa são os brócolis; por isso eu os incluo no molho pesto", conta a escritora Evelyn Tribole. "Eles são verdes e ninguém nota." Você pode acrescentar cenoura ralada ao molho do espaguete, legumes ao recheio de panquecas ou tortas, farelo de aveia ao bolo. Passe os legumes no processador e use o suco em molhos cremosos ou sopas; adicione espinafre e tofu picado à lasanha; cozinhe a aveia em leite desnatado; use germe de trigo para empanar o frango; em suas receitas, utilize duas claras no lugar de um ovo inteiro. Dessa forma, você melhora a dieta de toda a família e ninguém notará a diferença.

O PRATO PREDILETO DA FAMÍLIA REVISITADO

Muitas comidas de que a sua família mais gosta, como bife, carne assada e batatas fritas, são ícones de uma alimentação nada saudável. Mas não tem de ser assim. Experimente essas versões mais moderadas de quatro bem-amados pratos. Usando essas estratégias, você irá melhorar sua saúde sem sacrificar o gosto e as preferências da sua família.

- ***Cheeseburgers*:** Prepare pequenos hambúrgueres usando partes iguais de peito de peru moído e carne magra moída. Cubra com folhas de alface, rodelas de tomate, uma fatia fina de queijo *cheddar* e mostarda em pão integral.
- **Arroz com feijão:** Substitua o arroz branco pelo arroz integral. Cozinhe ambos sem usar óleo ou outra gordura. Acrescente cebola, alho e sal-

Incremente o sabor. Para vencer as mentes desconfiadas, faça da sua dieta saudável uma verdadeira delícia. "Mesmo quando outras pessoas da família querem uma alimentação saudável, ainda é preciso que a comida seja saborosa", acredita Mary Donkersloot, que descobriu que seu marido comeria alguma fruta se ela a pincelasse com um pouco de rum e a grelhasse. Isso significa usar temperos aromáticos e apetitosos, como orégano, salsinha, cebolinha, manjericão, alho, pimenta, gengibre, limão, tomate seco, vinagre balsâmico, raiz-forte ou molhos feitos com esses e outros condimentos. Experimente misturar sabores, acrescentando peras, abacaxi, manga ou pêssegos picados a uma salada de rúcula. Evite guarnições rebuscadas e concentre-se no tipo de comida que a maioria dos homens prefere: simples, saborosa e farta.

Sem privações. Seus familiares se sentirão mais dispostos a colaborar com você se ainda puderem comer sua *fast-food* preferida de vez em quando. Um presente ocasional ajudará a manter sua família no rumo certo da alimentação saudável. Se a existência de sorvete e refrigerantes

sinha a gosto. Se desejar, adicione um cubo de caldo de carne e uma folha de louro no feijão.

- **Pizza de calabresa:** Cubra um disco de pizza pronto com molho de tomates frescos sem óleo, feito em casa, rodelas de pimentão vermelho e cebola. Acrescente fatias finas de calabresa *light*. Espalhe pequena quantidade de mussarela *light* e orégano.
- **Lasanha:** Numa assadeira, arrume camadas de tiras da massa, pimentões verdes e vermelhos grelhados, abobrinhas e berinjelas picadas e cozidas em refogado de cebola, alho e temperos, entremeadas com ricota *light* e molho de tomate sem óleo. Polvilhe com mussarela ralada.

dentro de casa levar a uma descontrolada comilança, não estoque esses produtos e aproveite a situação como pretexto para fazer um programa em família, de vez em quando, na sorveteria ou na lanchonete.

Servindo soluções

Se seu problema é sair para comer fora, saiba que você não tem de comer menos ou diminuir as porções; apenas coma melhor. "Não são porções maiores que engordam", diz Barbara Rolls, da Universidade do Estado da Pensilvânia. "São porções maiores de alimentos ricos em gordura, açúcar e calorias." Assim, sirva-se à vontade de legumes e verduras, sopas e caldos, frutas, cereais integrais e outros alimentos frescos com

MEU PLANO PARA RESISTIR ÀS PRESSÕES DE COMER

Pense numa situação em que você se veja tentada por outra pessoa a comer demais. Essa situação também pode incluir determinado lugar (um restaurante, a casa de uma amiga, uma festa), uma hora específica do dia (uma pessoa da família talvez costume pressioná-la mais no jantar que no café-da-manhã) ou até alimentos (seu marido tem o hábito de tentá-la trazendo chocolate e salgadinhos para casa). Você precisa de uma estratégia para resistir a essas pressões. Use este modelo para criar seu plano:

Situação	Fatores importantes (quem, o que, onde, quando)	Estratégias possíveis

grande porcentagem de água e fibras, e você se sentirá satisfeita. Por exemplo: em um restaurante, opte por uma canja e salada (com molho à parte), e pergunte se é possível substituir as batatas por uma porção de vagens para acompanhar o salmão grelhado.

Divida um prato com seu acompanhante, peça meias porções, prefira o serviço *à la carte* ao bufê ou solicite que metade da porção seja embalada para viagem antes mesmo de começar a comer. Você pode optar por um prato calórico, mas se previna com antecedência, consumindo apenas refeições leves durante o dia, de modo a minimizar a ingestão de calorias para abusar um pouco à noite.

Outra solução é dar preferência a pratos saudáveis, como salmão grelhado com espinafre. Se não puder encontrar a opção certa no cardápio, converse com o garçom sobre a possibilidade de fazer substituições ou pequenas mudanças, por exemplo, pedindo que o espeto misto de carnes seja preparado apenas com peito de frango e vegetais ou que os legumes sejam cozidos no vapor e não passados na manteiga ou no azeite. Na lanchonete, prefira um sanduíche de peito de frango grelhado sem maionese e um copo de suco de laranja. Melhor ainda: reserve as refeições calóricas e o *fast-food* para uma ocasião especial uma vez por mês.

Mantenha sua dieta sob vigilância

Se a guerra entre o que você deve ou não deve comer continua a explodir dentro e fora de casa, talvez seja preciso procurar a ajuda de um médico ou um nutricionista. Seu marido ou um parente que não a ouve talvez ouça um profissional especializado. De modo direto e sem criticar ninguém, explique que sua preocupação é com sua saúde e a saúde dele também.

Comer bem deve ajudá-la a aproveitar melhor a vida, e não ser um problema a mais para resolver. Não seja tão dura consigo mesma se sucumbir à pressão ou à conveniência de vez em quando. A batalha de equilibrar casamento, filhos, trabalho, ginástica, relações pessoais, profissão e todas as responsabilidades da vida pode ser tudo, menos uma coisa fácil de enfrentar nos dias de hoje. Cora, mãe de três adolescentes, é prova disso: "Ainda não sei como manter o equilíbrio na vida, quando se tem filhos. Decidi não ser tão rigorosa comigo mesma quando não faço as coisas direito. Ao contrário, prefiro me divertir com minha família enquanto me esforço para oferecer a ela uma dieta decente".

ARMADILHA Nº 3

Não ser honesta

Ester, professora do ensino fundamental, enfrentava problemas com seu peso. Por causa dos altos níveis de colesterol e de açúcar no sangue e de um histórico familiar de diabetes e doença cardiovascular, seu médico lhe recomendou que perdesse pelo menos 20 quilos. Assim, ela me procurou para orientá-la.

Em sua primeira visita, sugeri que mantivesse um diário para anotar tudo o que ela consumisse. Uma semana depois, seus registros mostravam que ela já se alimentava muito bem: muita salada, pouca comida gordurosa, nada de refrigerantes, e tudo em pequenas porções. "Prefiro carnes magras e dificilmente belisco", enfatizou ela. Mesmo assim, Ester concordou em fazer alguns ajustes em seus hábitos, como incluir mais legumes e verduras no jantar, cozinhar os alimentos em caldo de galinha e não mais no azeite e eliminar a segunda torrada pela manhã. Além disso, ela disse que se exercitava regularmente, mas prometeu aumentar cada sessão de ginástica em 15 minutos.

Semanas se passaram e ela não emagreceu quase nada. Não fazia sentido. Como ela podia comer tão pouco e se exercitar tanto sem perder mais peso? Queixou-se de que enfrentava esse problema havia anos: comia quase "nada", com certeza não mais que qualquer uma de suas amigas, e mesmo assim continuava a engordar, de 2 a 5 quilos por ano. Alguma coisa estava errada.

Então, decidi tentar outra estratégia. Pedi a Ester que, ao anotar seu consumo no diário, usasse duas canetas de cores diferentes. Com a caneta preta, ela deveria anotar tudo o que havia comido e, com a vermelha, deveria registrar tudo o que *teria comido* caso não estivesse escrevendo um diário que eu certamente leria. Lembrei-lhe de como era importante ser honesta e cuidadosa em seus registros. Se isso implicasse ter de pesar e medir a sua comida por toda uma semana, que assim fosse.

Na semana seguinte, Ester chegou ao meu consultório um tanto encabulada. Dessa vez, a história era diferente. Ela contou que, durante toda a semana, viu-se escrevendo em vermelho cada vez mais, o que lhe abriu os olhos. Percebeu então que comia mais do que admitia; muito mais. "Não foi de propósito que deixei de mencionar certas comidas e petiscos. Eu só não conseguia admitir que beliscava o chocolate das crianças e justificava essa omissão dizendo para mim mesma que um pedacinho não faria muita diferença", confessou ela. Porém, esse pedacinho e mais outro e outro, ao longo de todo o dia, mais um punhado de salgadinhos e uma porção extra de purê de batatas fizeram, sim, muita diferença. Ao medir e pesar sua comida, Ester percebeu que o que ela considerava uma porção moderada era, na verdade, duas ou três vezes maior. Tudo isso junto somava várias centenas de calorias extras todos os dias.

Ainda durante a consulta, Ester reconheceu que não se exercitava tanto quanto dizia. Ela se propusera a fazer ginástica três vezes por semana, mas havia chovido bastante e, muitas vezes, ela ia à academia apenas uma ou duas vezes. Ainda assim, ela fazia mais exercícios que suas amigas, por isso se justificava dizendo que ia às aulas regularmente. Por recomendação minha, Ester contratou um *personal trainer*. O contraste entre as sessões de ginástica orientadas por esse profissional e as aulas anteriores a que ela estava acostumada foi outra revelação. O que Ester pensava ser um trabalho físico vigoroso nem sequer a fazia suar, sem falar que as freqüentes interrupções e conversas durante os exercícios tomavam metade do seu tempo na academia. O resultado: ela não queimava tantas calorias quanto imaginava. "Eu não sabia que minha atividade física era assim tão moderada até que o *personal trainer* me fez trabalhar de verdade", contou ela. "Depois disso, nem posso chamar minhas antigas aulas de 'ginástica'!"

O melhor dessa história é que assim que Ester foi totalmente honesta sobre o que comia e quanto, começamos a ver seu progresso. Com algumas simples mudanças no seu consumo real de comida e no seu plano de ginástica, ela emagreceu e, mais importante que isso, os níveis de colesterol e açúcar no seu sangue voltaram ao normal, reduzindo o risco de doenças. O exercício físico mais adequado também começou a melhorar sua vida. Ester passou a ter mais energia, melhor humor, menos estresse e uma sensação verdadeira de realização pessoal, o que não existia quando sua atividade era muito baixa e esporádica.

Muitas mulheres, como Ester, travam uma guerra constante contra problemas de peso e de saúde, enquanto seu corpo parece resistente a mudar, não importa que tipo de dieta façam ou quanto dizem se esforçar. Às vezes, essas mulheres apresentam problemas de retenção de líquidos, e a perda de gordura é anulada pelo peso dos fluidos extras. Felizmente, a retenção de líquidos em geral não perdura e, assim, logo após as primeiras semanas do início de uma dieta, o organismo elimina a água e os quilos realmente perdidos são notados na balança. Outras vezes, elas têm necessidades calóricas extremamente baixas ou metabolismo lento. Essas mulheres devem ampliar a atividade física para acelerar o metabolismo ou passarão a vida em eternas dietas com níveis calóricos bem próximos da fome. Contudo, na maioria dos casos, esse aparente desafio às leis da Física – ou seja, seguir uma dieta de baixas calorias e manter atividade física vigorosa, sem sequer perder um quilo – nada mais é que o simples fato de uma pessoa não ser honesta em relação ao que come e em que quantidade, e em relação ao tipo de exercício físico que faz e com que freqüência.

Você é uma pessoa normal se suspeita que pode estar falseando o tamanho das porções ou nivela a quantidade dos exercícios. Relatos imprecisos são comuns: quase oito entre dez mulheres fazem isso em algum grau. "Algumas pessoas marcam tudo o que comem, mesmo a comida saudável e quantos legumes consomem, mas realmente falseiam o tamanho das porções quando se trata de doces, salgadinhos e outros alimentos ricos em gorduras e açúcar", esclarece a nutricionista e pesquisadora do Instituto Nacional do Câncer Amy Subar. Felizmente, assim que as mulheres tomam consciência dessa "desonestidade" e aprendem a usar algumas ferramentas para avaliar com precisão o que consomem e quanto se exercitam, sua dieta e seu programa físico melhoram, começam a perder aqueles quilos indesejados e, como Ester, passam a se sentir bem, como há anos não se sentiam.

Difícil de admitir

Pergunte às pessoas o que comeram ontem e a maioria irá subestimar seu consumo. Todas as pessoas fazem isso, magras ou acima do peso, jovens ou velhas, atletas ou sedentárias. Contudo, existe uma característica importante entre elas: a maioria é de mulheres – cerca de duas para cada homem –, sendo que muitas deixam de contabilizar mais de um terço de suas calorias. No caso de Ester, que manteria um peso saudável com 2.200 calorias por dia, um terço representa mais de 700 calorias adicionais, o que eleva seu consumo diário para 2.900 calorias.

Para algumas, a desonestidade é grave. Uma mulher admitiu que, antes de aprender a assumir honestamente seu consumo alimentar, não era incomum esconder comida no armário, para comer quando ninguém estivesse olhando. Ela devorou um ovo de chocolate gigante depois da Páscoa e em várias ocasiões assou um bolo, acabou com ele e depois assou um segundo bolo para que ninguém percebesse que ela havia comido o primeiro. Além disso, nunca contou seu comportamento a ninguém e continuou a fazer dieta em público.

É um caso extremo, claro. A maioria das mulheres se limita a não contabilizar os salgadinhos que comem e a minimizar seus registros de consumo de gordura nas dietas. Se engolimos todo um tabuleiro de bolo de chocolate sentadas em frente ao computador, diremos que eram apenas uns poucos pedaços, ou talvez nem sequer os mencionemos. Se tomarmos sorvete diretamente do pote, imaginaremos que só havia duas colheradas, quando na verdade havia mais de uma tigela.

Já as refeições feitas à mesa são um caso diferente. Ao mesmo tempo que somos honestas em relação ao que consumimos nessas ocasiões, também somos capazes de deixar de fora certos detalhes. Assim, declaramos a generosa porção de brócolis no jantar (uma opção virtuosa), mas esquecemos de mencionar que eles foram servidos com molho de queijo ou refogados na manteiga.

Falseamos de propósito?

"Com freqüência, as pessoas não têm a intenção de mascarar seu consumo alimentar. É possível que elas tenham lembranças ruins relacionadas à comida ou se sintam pressionadas de algum modo, e por isso inconscientemente falseiam", diz Carmen D. Samuel-Hodge, da Universidade da Carolina do Norte.

Existe também uma confusão sobre o que devemos comer e, além disso, muitas mulheres não fazem idéia da quantidade de comida que está em seu prato; apenas se servem, comem e param quando estão cheias. "Quem quer admitir que se rende a alimentos 'ruins para si mesmo', nada nutritivos e que engordam?", perguntou uma mulher. Ao contrário, tendemos a relatar o que deveríamos ter comido ou o que pensamos que os outros pensam que deveríamos comer, e não o que realmente comemos.

Atividade física: desculpem-me!

Da mesma forma que subestimamos o consumo de doces, superestimamos a ginástica. Como Ester, exageramos sobre a freqüência, a duração e a intensidade com que fazemos nossos exercícios. Se você dedica mais tempo a uma atividade física, ótimo. Porém, não cometa o mesmo erro de muitas mulheres pensando que faz mais exercícios do que realmente precisa ou que freqüentar a academia três vezes por semana lhe dá o direito de comer o que quiser. O espírito do "fiz ginástica hoje, assim posso comer isso" pode minar qualquer dieta.

Algumas mulheres que não gostam de se exercitar justificam essa falta dizendo que têm uma vida ativa. Por certo, se você treina cavalos ou faz o trabalho duro de uma fazenda o dia inteiro talvez não precise queimar mais calorias em aulas de ginástica. Entretanto, como sabemos, é raro nosso estilo de vida atual exigir esse tipo de atividade. Acreditamos que nossa vida é ativa porque cuidamos das crianças, limpamos a casa e resolvemos dezenas de problemas. Essa atividade pode ajudá-la a manter

VOCÊ É CAPAZ DE CONTABILIZAR SÓ UMA FATIA EM VEZ DE UM BOLO INTEIRO?

Avalie seu grau de distorção ao medir as porções fazendo este teste. Os padrões usados aqui foram definidos pelo Departamento de Agricultura dos Estados Unidos (USDA) e são usados na orientação de dietas.

Hortaliças e frutas

1. Uma porção de hortaliças ou frutas cruas é igual a 1 xícara, que equivale ao tamanho de uma bola de:
   a. pingue-pongue
   b. tênis
   c. futebol
   d. basquete
2. Uma porção de hortaliças ou frutas cozidas é igual a $^1/_2$ xícara, que equivale ao tamanho de:
   a. uma bola de sorvete
   b. um pote pequeno de iogurte
   c. um ioiô
   d. uma tigela de sopa

Grãos e cereais (preferencialmente integrais)

3. Um pão de queijo (cerca de 60 gramas) equivale a uma porção de grãos, que é aproximadamente do tamanho de uma bola de:

o peso enquanto for jovem, mas, por volta dos 30 anos, as mulheres devem adotar um programa de treinamento estruturado. Caso contrário, elas começam a trocar músculos por gordura, passam a ganhar alguns quilos como resultado de um metabolismo mais lento e entram em um longo processo que leva a doenças e à incapacidade.

A atividade física pode influenciar enormemente a perda de peso e uma vida saudável, hoje e no futuro. Em essência, podemos ser nossas

a. tênis
b. pingue-pongue
c. futebol
d. gude

4. Uma porção de arroz integral, aveia ou macarrão cozidos corresponde a $^1/_2$ xícara, que é aproximadamente do tamanho de:
   a. uma mão em forma de concha
   b. duas mãos em forma de concha
   c. uma bola de tênis
   d. um *frisbee*

Leite e derivados ou leite de soja

5. Uma porção de leite desnatado, leite de soja ou iogurte equivale a 1 xícara, que é aproximadamente do tamanho de uma:
   a. garrafa de água
   b. taça de vinho
   c. bola de tênis
   d. lata de refrigerante
6. Uma porção de queijo corresponde a 40 gramas, que equivale ao tamanho de:
   a. uma mão bem fechada

piores inimigas, desesperadamente desejando ter mais saúde e, ainda assim, traindo a nós mesmas quando não somos honestas sobre o que precisamos mudar.

As conseqüências de não ser honesta

Não me entenda mal: o otimismo é uma qualidade admirável em muitos aspectos da vida. Acreditar que você pode ter êxito, por exem-

(*continuação*)

b. uma caixa de CD
c. um mouse
d. um polegar de mulher

Carnes e leguminosas

7. Uma porção de carne é igual a 90 gramas ou do tamanho de um:
   a. baralho
   b. CD-*player* compacto
   c. prato de sobremesa
   d. livro
8. Uma porção de creme de amendoim equivale a 2 colheres de sopa, que é aproximadamente do tamanho de:
   a. uma mexerica
   b. um controle remoto de TV
   c. uma bola de gude
   d. uma bolacha de chocolate recheada
9. Uma porção de feijão equivale a $^1/_2$ xícara, que é do tamanho de:
   a. uma margarida
   b. um girassol
   c. uma rosa
   d. uma tulipa grande

plo, é uma atitude poderosa para fazer qualquer mudança dar certo. Porém, quando o otimismo é usado para negar a dieta ou a atividade física, isso pode impedir mudanças reais e permanentes, necessárias para uma vida melhor. Se você imagina que faz tudo certo, come bem e se exercita o suficiente, não irá encontrar razão para mudar ou melhorar. A mentira torna impossível identificar os problemas e resolvê-los. Como resultado, você abre mão do direito de controlar sua saúde e seu bem-estar. É como se dissesse: "Não consigo ser melhor. Tentei,

Gorduras (não mais que 30% do total de calorias)

10. Para as gorduras, como manteiga, óleo, azeite ou margarina, 1 colher de chá equivale a:
    a. um selo postal
    b. um batom
    c. um polegar
    d. uma bola de pingue-pongue

Respostas: 1. b; 2. a; 3. b; 4. c; 5. c; 6. d; 7. a; 8. d; 9. d; 10. a

Sua pontuação:

9-10: Excelente! Você é a mestre da porção, bem experiente em distinguir quantidades e tamanhos.
6-8: Bom. Você acerta a maioria das vezes, porém fique atenta às calorias indesejadas, contrabandeadas para a sua dieta por meio de porções muito grandes.
4-5: Sofrível. Volte aos bancos escolares para aprender o que é uma porção e o que é uma travessa.
Menos de 4: Horrível. Rápido, compre uma balança para alimentos e um copo medidor de porções.

mas nada funciona". Essa atitude arruína suas esperanças, auto-estima, motivação e confiança.

A verdade é que você é capaz de mudar, emagrecer, ser mais saudável, ter mais energia, capacidade intelectual e vontade de aproveitar plenamente a vida. Essa mudança vem do interior e começa com uma avaliação honesta da sua dieta e atividade física.

Porções distorcidas

Um dos pontos mais importantes em Nutrição é a visão distorcida que as pessoas têm do que seja uma porção. Ao mesmo tempo que reduz o consumo de massas e pão ou adota alimentos sem gordura, você pode deixar escapar algo importante: o problema às vezes é *quanto*, e não *o que* você come.

O tamanho das porções consumidas dentro e fora de casa aumentou muito nos últimos trinta anos, em especial por causa dos alimentos calóricos industrializados, como *fast-food*, grãos refinados e refrigerantes. O resultado é que comemos mais sem perceber. Alguns notórios culpados são os hambúrgueres duplos e as batatas fritas em tamanho grande na lanchonete, baldes de pipoca no cinema, litros gigantes de refrigerante na geladeira. Não é à toa que algumas pessoas perderam completamente a noção da medida de uma porção.

Conforme nos acostumamos a quantidades cada vez maiores de comida, o tamanho de nossas porções se torna desequilibrado. Um estudo revelou que, em geral, as pessoas acreditam que uma porção "média" é muito maior que o padrão existente para esse tamanho. Aqui estão alguns exemplos das distorções relatadas:

- Uma porção "média" de carne: 230 gramas, diferente dos 90 gramas estabelecidos pelo USDA
- Uma porção "média" de bolo: 180 gramas, o triplo dos 60 gramas definidos pelo USDA

- Uma porção "média" de batata assada: 200 gramas, contra os 120 gramas estabelecidos pelo USDA

Garfos *versus* dragas

Um jeito sutil de instigar as pessoas a comerem mais é o tamanho maior das embalagens de certos alimentos. "As pessoas comem por unidades, como um sanduíche, um biscoito, um prato de comida, um pacote de salgadinhos, um pedaço de pizza. Hoje, algumas dessas unidades aumentaram de tamanho", avalia Paul Rozin, da Universidade da Pensilvânia. Como muitas de nós "limpamos o prato", as calorias rapidamente se acumulam.

Vários estudos mostram que consumimos até 45% mais alimentos quando as porções são maiores. Em um deles, da Universidade do Estado da Pensilvânia, quatro diferentes porções da mesma refeição foram servidas a um grupo de pessoas no intervalo de várias semanas; o resultado revelou que elas consumiram 30% mais calorias quando comeram a porção maior, embora metade do grupo nem sequer houvesse notado a diferença no tamanho das porções. "Nossa sensação de saciedade se ajusta à quantidade de comida a nossa frente. Ofereça porções maiores e as pessoas consumirão mais, terminando a refeição com a mesma sensação de saciedade, o que leva a um consumo maior", afirma Barbara Rolls, coordenadora do estudo.

Apenas a visão da comida já nos estimula a comer. Em um escritório, Brian Wansink, da Universidade de Illinois, colocou caramelos de chocolate em dois potes – um de vidro transparente e outro de vidro opaco – sobre a mesa das pessoas ou distantes alguns metros. Em média, "as pessoas comeram apenas quatro caramelos quando tiveram de se levantar para pegá-los, seis se os doces estivessem ao alcance da mão mas no recipiente opaco e nove caramelos quando estavam no vidro transparente", relata o pesquisador.

"O modo como o alimento é servido também determina a quantidade consumida. Ofereça refrigerante em um copo largo e baixo e as pessoas beberão mais, mas pensarão ter bebido menos do que se a bebida estivesse em um copo alto e estreito. Portanto, o formato do copo pode fazer muita diferença", diz Wansink. E avisa: "Em nosso mundo de fartura, a última coisa que as mulheres devem fazer para controlar suas porções é confiar somente na força de vontade e na perseverança. Se depender apenas desses recursos imperfeitos, a maioria comerá e beberá muito".

Não caia na armadilha

A ferramenta mais importante para compreender seus hábitos alimentares e sua atividade física é o diário. Como vimos na *Armadilha nº 1: Comer sem pensar*, manter um registro é a estratégia principal usada pelas pessoas que conseguiram mudar sua alimentação para melhor e manter o peso desejado. Reveja os princípios apresentados na *Armadilha nº 1* e se comprometa a escrever um diário por pelo menos uma semana. Do mesmo modo como orientei Ester, use duas canetas de cores diferentes,

O QUE É UMA PORÇÃO?

A seguir, você encontrará o número recomendado de porções diárias para cada grupo alimentar, de acordo com o USDA, além de alguns exemplos para cada caso:

- Frutas, verduras e legumes: 8 a 10 (ou mais) porções por dia. Uma porção equivale a uma das seguintes alternativas:
  - Alimentos crus: 1 xícara ou 1 fruta média
  - Alimentos cozidos: 1/2 xícara
- Grãos e cereais (preferencialmente integrais): 6 (ou mais) porções por dia. Uma porção equivale a:
  - 1 fatia de pão de fôrma
  - 1/2 xícara de macarrão ou arroz cozidos

uma para registrar o que você come e a outra para anotar o que teria comido se não fosse obrigada a admiti-lo por escrito. Seja honesta e precisa em relação a tudo o que come e bebe.

Se você já escreve um diário, faz pequenas mudanças e ainda assim não perde peso, talvez suas anotações precisem ser reavaliadas. "Em geral, as pessoas subestimam seu consumo em cerca de um terço. Assim, para que elas sejam verdadeiramente honestas sobre a contagem de suas calorias, recomendo manter um diário e, depois, adicionar pelo menos um terço a mais de calorias para compensar o total contabilizado por dia", diz John Foreyt, diretor do Centro de Pesquisa em Medicina Comportamental da Faculdade de Medicina de Baylor.

Pese e meça sua comida

Vigiar o tamanho das porções pode ser a única coisa de que você precisa para colocar sua dieta e sua cintura na linha. Se, ao escrever um

---

- Metade de um pão de hambúrguer
- 1 pedaço pequeno de bolo (60 gramas)

- Leite e derivados: 3 porções por dia. Uma porção equivale a:
  - 1 xícara de leite ou iogurte
  - 30 gramas de queijo
  - $^{1}/_{2}$ xícara de ricota
- Leguminosas e carnes: 2 a 3 porções por dia. Uma porção equivale a:
  - 90 gramas de carne, frango ou peixe cozidos
  - $^{1}/_{2}$ xícara de feijão ou ervilha cozidos
- Nozes e sementes: 30 gramas por dia.
- Gorduras: 1 colher de chá de manteiga, margarina ou óleo.

diário, você menosprezar as porções, em especial no caso de alimentos com altos teores de gordura e açúcar, seus registros de nada valerão para calcular seu consumo calórico e nutricional.

"As pessoas julgam o tamanho de uma porção pelo que vêem nos restaurantes, nos quais muita comida é despejada em pratos muito grandes", afirma Lisa Young, da Universidade de Nova York. A solução é me-

QUANTO VOCÊ DEVE COMER?

Manter um diário vai ajudá-la a descobrir o que você consome. Mas como comparar essa informação com o que você deve comer? Em que consiste uma dieta de 1.200 calorias? Ou de 1.500? Ou de 2.000? As calorias se acumulam mais facilmente do que você pensa. Aqui estão alguns exemplos para orientar suas escolhas.

Dieta de 1.200 calorias

Café-da-manhã: uma porção de 30 gramas de cereal matinal com 1 xícara de leite desnatado e uma fruta.
Almoço: um sanduíche de peito de peru em pão de trigo integral com mostarda, 2 xícaras de salada mista com 1 colher de sopa de molho de baixo teor de gordura e um pote de iogurte.
Jantar: 90 gramas de carne magra ou peito de frango, de preferência grelhado, uma batata-doce pequena cozida e $^1/_2$ xícara de arroz.
Lanche: 1 laranja.

Dieta de 1.500 calorias

Café-da-manhã: uma porção de 30 gramas de cereal matinal com 1 xícara de leite desnatado e uma fruta.

dir e pesar sua comida em casa durante uma semana (use as informações do quadro "O que é uma porção?" como guia). Você precisará de uma balança e um conjunto de medidores de alimentos. Comprometa-se por uma semana a servir-se das porções de costume, pesá-las e medi-las para avaliar se estão próximas do ideal. Reduza todas as porções que excedam as quantidades recomendadas. Por exemplo: ao medir seu prato de ma-

Almoço: um sanduíche de peito de peru em pão de trigo integral com mostarda, 2 xícaras de salada mista com 1 colher de sopa de molho de baixo teor de gordura e um pote de iogurte.
Jantar: 90 gramas de carne magra ou peito de frango, de preferência grelhado, uma batata-doce pequena cozida, 1 xícara de brócolis cozidos no vapor e 1/2 xícara de arroz.
Lanches: 1 laranja, 1 xícara de leite desnatado e 1 xícara de morangos cobertos com ¼ de xícara de calda de chocolate.

Dieta de 2.000 calorias

Café-da-manhã: uma porção de 60 gramas de cereal matinal com 1 xícara de leite desnatado, coberta com nozes picadas e 1 colher de chá de passas, e uma fruta.
Almoço: um sanduíche de peito de peru em pão de trigo integral com mostarda, 3 xícaras de salada mista com 2 colheres de sopa de molho de baixo teor de gordura e um pote de iogurte.
Jantar: 90 gramas de carne magra ou peito de frango, de preferência grelhado, uma batata-doce pequena cozida; 1 xícara de brócolis cozidos no vapor e 1 xícara de arroz.
Lanches: 1 laranja, 1 xícara de leite desnatado e 1 xícara de morangos cobertos com ¼ de xícara de calda de chocolate.

carrão, você pode descobrir que a quantidade equivale a quatro xícaras, o que corresponde a oito porções-padrão para grãos, mais que o consumo diário recomendado. Mas que a "generosa" porção de brócolis corresponde só a meia xícara, o que não é nada generoso, está apenas dentro do padrão.

Você tem razão: pesar e medir a comida toma tempo e é muito chato. Porém, é necessário, e em apenas uma semana você terá consciência de quanto consome e aprenderá a observar o tamanho das porções de seus pratos preferidos. Pesar e medir também é um bom hábito que deve ser usado toda vez que os quilos se acumularem de novo na sua cintura. Aqui estão mais duas formas para ajudar a manter as porções sob controle:

- Peça ao açougueiro para cortar a carne e ao peixeiro para cortar o peixe nas porções adequadas.
- Pese as porções no supermercado e na feira, sempre que possível.

Diminua o consumo de alimentos prontos e *fast-food*

Existem mais alguns hábitos a adotar. Cuidado com a mentalidade do "mais é melhor", especialmente com salgadinhos e *fast-food*. A publicidade e os cardápios das lanchonetes nos seduzem a comprar porções maiores por um preço atrativo. Uma refeição tamanho-família ou uma embalagem econômica de salgadinhos podem ser boas para sua carteira, mas arruínam sua cintura e sua saúde. Os rótulos podem ser ambíguos, levando-nos a pensar que comemos menos que o real. O número de calorias pode ser informado como 150, mas, se houver três porções na embalagem e você consumir todas, terá triplicado seu consumo para 450 calorias!

As embalagens de certos alimentos podem ser muito grandes. "É preciso preparar um ambiente que dificulte a ingestão de grandes quantidades de comida industrializada", sugere Wansink. Isso significa adotar a porção esperta:

- Divida o conteúdo das embalagens grandes em porções menores.
- Compartilhe tudo o que vier em uma embalagem individual.
- Guarde os alimentos na despensa, já que a simples visão da comida pode nos levar a comer.
- Por outro lado, use a visão da comida a seu favor, colocando fotografias de saladas, frutas e legumes em lugares bem visíveis, uma tigela com morangos ou bananas em sua escrivaninha para o lanche da tarde e frutas frescas picadas sobre a mesa depois do jantar.
- Evite as refeições tamanho-família e as embalagens "econômicas".
- Sirva as refeições em pratos e travessas pequenos.
- Divida um pacote pequeno de doces no cinema (melhor ainda: leve seu petisco saudável de casa!).
- Deixe sobras de comida no prato.
- Peça uma refeição infantil na lanchonete.

Em restaurantes, bufês, festas e reuniões sociais, preste atenção ao que vai parar no seu prato. Não é porque a comida está na sua frente que você tem de comer tudo.

Informe-se

Se a falta de conhecimento é a razão para o descuido na escolha do que você consome, a resposta é fácil: amplie seu conhecimento sobre Nutrição.

Fique de olho na comida sem gordura e nos baixos teores de carboidratos. "O que um biscoito sem gordura perde em gordura compensa em açúcar e o que uma barra de cereal com baixo teor de carboidratos perde em açúcar ganha em gordura; como conseqüência, a maioria desses produtos industrializados tem quase as mesmas calorias que os alimentos comuns", adverte Adam Drewnowski, professor da Universidade de Washington. Queijo cremoso sem gordura pode ter menos calorias, mas não se você espalhar o triplo da quantidade no seu pãozinho. Use com moderação tanto a versão normal quanto a sem gordura de qualquer produto doce ou cremoso e aventure-se no terreno dos baixos teores de carboidratos com os olhos bem abertos.

Leia os rótulos. Prefira alimentos que forneçam não mais que 3 gramas de gordura para cada 100 calorias. Além disso, observe o tamanho da porção que é informado e que pode ser absurdamente pequeno, dando a falsa impressão de que o alimento tem poucas calorias.

Nunca comemore com o estômago vazio. As pessoas comem mais quando estão em companhia de amigos e parentes. Faça uma refeição leve e saudável antes de sair para uma festa, divida um prato quando jantar fora e não beba álcool nessas ocasiões, pois até mesmo um mísero drinque é capaz de enfraquecer sua determinação, levando-a a comer além da conta. (Na *Armadilha nº 9: Bebendo nossa boa forma*, veremos como o álcool interfere no controle do peso e na saúde.)

Faça o teste esperto da gordura. Alguns alimentos não possuem rótulos, como o pão doce da padaria. Mesmo assim, é possível saber se são ricos em gordura pela sensação de oleosidade em sua boca. Se o bolo deixar seus dedos ou o guardanapo engordurados, você pode apostar que várias colheres de chá de gordura foram usadas para prepará-lo.

Assuma o controle consciente. "Tome a decisão consciente de comer mais frutas, legumes e cereais integrais e você irá, automaticamente, reduzir as calorias, a gordura e o açúcar da sua dieta", assegura Drewnowski.

Quanto exercício é necessário?

Vida sedentária não é assunto para brincadeiras. "Se você é sedentária, tem o mesmo risco de morrer prematuramente que quem fuma um maço de cigarros por dia", sentencia Kenneth Cooper, fundador do Instituto Cooper de Pesquisa Aeróbica. Esse estilo de vida é uma ameaça ainda maior à saúde do que a pressão alta, a obesidade, o histórico familiar de doenças ou o colesterol alto. Não há dúvida sobre isso: a atividade física é imprescindível. A questão é: quanto?

Seu objetivo mínimo aqui é queimar 150 calorias por dia, ou cerca de 1.000 calorias por semana. São trinta minutos todos os dias, sete dias por semana, de exercícios moderados, ou seja, qualquer atividade que aumente seus batimentos cardíacos ao nível de uma caminhada vigorosa. Você pode tanto se exercitar por meia hora como dividir esse tempo em sessões menores, como subir dez minutos de escada três vezes por dia ou fazer duas sessões de bicicleta de quinze minutos cada uma.

Para desenvolver e manter os músculos – que você começa a perder por volta dos trinta anos – é preciso também incluir duas sessões de condicionamento físico por semana. Isso é o mínimo. Quanto mais se exercitar e mais vigorosa for a atividade, maiores serão os benefícios para a sua saúde. Contudo, quem tiver uma doença crônica ou mais de 40 anos deve consultar um médico antes de dar início a um programa de exercícios.

Para perder peso, será preciso aumentar a atividade física ainda mais. As pessoas que conseguem emagrecer e manter o peso adequado praticam muito mais exercícios físicos do que os trinta minutos diários recomendados. "Elas fazem muito exercício, o equivalente a uma hora ou mais diariamente, ou a 45 quilômetros de caminhada acelerada por semana, o que significa que elas têm menos tempo para vegetar em frente à TV", diz Suzanne Phelan, da Universidade Brown.

Os pesquisadores não sabem por que, para manter um peso menor, um ex-obeso deve praticar mais exercícios que uma pessoa que sempre foi magra, mas para Jim Hill, autor de *The Step Diet: Count Steps, Not Calories, to Lose Weight and Keep it Off Forever* [A Dieta dos Passos: Conte Passos, Não Calorias, para Emagrecer e Manter o Novo Peso para Sempre], a razão pode estar relacionada a uma queda permanente no ritmo metabólico, que ocorre após uma grande perda de peso. "Não é justo que você precise caminhar 12 mil passos por dia enquanto seu vizinho magérrimo precisa apenas de 8 mil. Mas essa é a realidade", conclui ele. Para animar sua rotina semanal de exercícios, você pode alternar dois ou mais tipos de atividade física.

Movimente-se

Uma pessoa que deseja emagrecer 15 quilos ou mais e depois manter o peso precisará aumentar sua atividade diária *e* se exercitar bastante. Em primeiro lugar, pense em você como uma pessoa ativa. Em seguida, aceite o conselho de Hill e compre um contador de passos. Então, proponha-se a dar 8 mil passos durante o dia, preferindo a escada ao elevador, levantando-se para mudar o canal da TV em vez de usar o controle remoto e caminhando até a casa do vizinho em vez de telefonar. Além disso, faça exercícios quase todos os dias. Um estudo em andamento do NWCR mostrou que pessoas que perderam muito peso e conseguiram manter-se magras queimam cerca de 400 calorias por dia só em exercícios físicos, o equivalente a aproximadamente uma hora ou a 6 quilômetros de caminhada.

Tudo isso pode parecer desafiador para uma novata, mas lembre-se de que fazer um pouco de exercício é melhor do que não fazer nada e que mesmo um suave aumento em suas atividades diárias pode trazer benefícios para a sua saúde física e emocional. Além disso, é preciso tempo para alcançar suas metas. "As pessoas mais experientes não começaram se exercitando por uma hora inteira todo dia; elas atingiram um nível alto de atividade ao longo do tempo", explica Hill. Em outras palavras, é preciso séria determinação para conseguir tudo o que você deseja.

Defina seu objetivo

Este capítulo trata de sermos honestas quando registramos informações precisas sobre o que comemos e sobre quanto nos exercitamos. Essas informações são essenciais para uma saúde melhor ou para perder alguns quilos. O que cada uma de nós fará com esses registros dependerá de aonde queremos chegar. Seus objetivos são um mapa para orientar sua dieta. Sem eles, você não saberá para onde vai ou se já chegou lá. Mas, para ser útil, um objetivo deve ser específico, realista e flexível.

Objetivos específicos são mensuráveis. No lugar de um objetivo vago como "fazer mais exercícios" ou "reduzir o consumo de gordura", defina objetivos específicos que incluam as informações *o quê*, *quando*, *onde* e *como*. Por exemplo: "Vou correr trinta minutos durante a hora do almoço, cinco dias por semana, pelos próximos seis meses", ou "Para diminuir meu consumo de gordura, substituirei a manteiga por uma camada fina de geléia de frutas sem açúcar no café-da-manhã".

Seja realista. Objetivos realistas levam em conta a sua condição atual e o que você é capaz de realizar com um esforço razoável. Evite o perfeccionismo presente em palavras como *sempre*, *nunca* ou *todos os dias* (uma forma de testar um objetivo é perguntar-se: "Eu acredito que uma amiga consegue atingir esse objetivo?"). Para ser realista, um objetivo deve ser dividido em pequenos passos. Por exemplo: um objetivo de longo prazo para perder 10 quilos pode ser dividido em objetivos de curto prazo para emagrecer de meio a 1 quilo por semana, durante dez a vinte semanas. Os pequenos passos que você dá para alcançar um objetivo de curto prazo podem ser definidos no formulário *Meu mapa para o sucesso*, a seguir, e incluem, por exemplo, caminhar 5 quilômetros a mais por dia para queimar 250 calorias, substituir pensamentos negativos por outros mais encorajadores e preferir minicenouras a salgadinhos no lanche da tarde.

Seja flexível. Modifique seus passos se achar que são fáceis demais ou muito difíceis. Os objetivos devem ser desafiadores, mas não massacrantes.

Por fim, escolha objetivos pessoais que você realmente deseja alcançar, e não aqueles que outras pessoas lhe dizem para buscar.

Está em suas mãos

Não é fácil ser honesta em relação a assuntos delicados como seu peso, hábitos alimentares e atividade física. Não é nada agradável aceitar que você talvez tenha sido até negligente. É difícil ter de admitir que é a responsável pelo estado em que sua saúde e seu peso se encontram hoje;

você não pode jogar essa culpa no metabolismo lento, no mau funcionamento glandular ou na falta de tempo para se exercitar.

Por outro lado, como você é a única pessoa capaz de mudar a própria vida, o poder de fazer essas mudanças – ser uma pessoa melhor, mais saudável, feliz e em boa forma – está inteiramente em suas mãos. Os passos são fáceis: por uma semana, pese e meça sua comida, cronometre suas atividades físicas e registre tudo. Examine seus registros, estabeleça seus objetivos e, então, comece a ajustar todos os aspectos de sua vida que frustram seus esforços para se sentir e parecer ótima.

MEU MAPA PARA O SUCESSO

Preencha este formulário todas as semanas (use esta folha como modelo). Após ter definido seus objetivos e os pequenos passos que dará a cada semana, use os dados para monitorar seus avanços fazendo um sinal no dia correspondente cada vez que completar o passo. Nota: você pode fazer mais que uma marca por dia.

Data/Semana: ______________________________

Objetivo de longo prazo: ______________________________

Objetivo de curto prazo: ______________________________

Passos para o objetivo (inclua detalhes: quando, onde, com que freqüência, com quem):

1. ______________________________
2. ______________________________
3. ______________________________

	Seg.	Ter.	Qua.	Qui.	Sex.	Sáb.	Dom.
Passo 1	___	___	___	___	___	___	___
Passo 2	___	___	___	___	___	___	___
Passo 3	___	___	___	___	___	___	___

ARMADILHA Nº 4

Recusar brócolis, devorar batatas fritas

Bastaria você dobrar seu consumo atual de frutas, verduras e legumes para colocar-se no caminho certo de uma boa alimentação. Tenho visto muitos casos assim, mas com nenhum outro esse conselho foi mais proveitoso do que quando trabalhei com a artista gráfica Sueli numa série para a televisão americana. Ela desejava perder os 10 quilos que adquiriu com a gravidez e vestir um número menor. Meu conselho foi simples, o investimento adicional de tempo foi "zero", e ela ultrapassou seus sonhos mais impossíveis, diminuindo três números do seu manequim! "Quando me perguntam como consegui isso, tenho de parar para pensar. Emagrecer sempre foi muito difícil, mas dessa vez me exigiu tão pouco esforço e tempo que eu nem sentia que estava de dieta", conta Sueli.

Os hábitos alimentares da artista gráfica eram bastante comuns. Ela pulava refeições, comia alimentos gordurosos enquanto trabalhava e não consumia quantidades adequadas de frutas, legumes e verduras. Como muitas mulheres. Sueli perdeu peso fazendo mudanças simples, que tomam pouco ou nenhum tempo extra. "Encher metade do prato com legumes e verduras e não comprar nada que tivesse mais que 3 gramas de gordura por 100 calorias foram para mim dois grandes poupadores de tempo", diz ela.

Vários estudos afirmam que as pessoas que consomem grandes quantidades de frutas e hortaliças têm mais chances de emagrecer e manter o novo peso. Os benefícios vão mais além do que apenas emagrecer. Nada fornece mais vigor ao organismo e à saúde que os vegetais. De uma maçã crocante, uma laranja suculenta e uma ameixa doce a uma salada de rúcula picante, um tomate maduro ou um inhame cremoso, todas as frutas e hortaliças são boas para nós. "Milhares de estudos em décadas mostram que as mulheres que têm uma alimentação rica em vegetais diminuem de modo significativo o risco de muitas doenças relacionadas à idade, de problemas cardíacos e diabetes a hipertensão, câncer e catarata", afirma Jeffrey Blumberg, professor da Universidade Tufts.

Um estudo dos Centros para o Controle e Prevenção de Doenças concluiu que não comer quantidades adequadas de frutas e legumes é o segundo fator comportamental – perdendo apenas para a falta de uso do protetor solar – que contribui significativamente para o risco de doenças. Por isso, mesmo se você não se preocupar com a gordura, não reduzir os carboidratos nem limitar os doces, não desistir do refrigerante diário (é claro, essas mudanças são boas também!), mas simplesmente duplicar seu consumo de vegetais, terá dado um grande passo em direção a uma dieta saudável e aumentará suas chances de evitar todas as doenças da idade que podem aparecer no futuro.

Nada é melhor para você que os vegetais

Doenças coronárias são a primeira causa de incapacidade e morte entre as mulheres. Por isso, manter seu coração saudável começa com o consumo de frutas e legumes. Uma pesquisa da Universidade de Toronto revelou que dietas baseadas em vegetais são tão eficazes para reduzir o colesterol como os melhores medicamentos existentes. Frutas, legumes e verduras elevam o colesterol bom (HDL), diminuem o colesterol total e o LDL (os bandidos) e até reduzem a homocisteína, outro fator de doença cardiovascular. Mulheres que comem dez ou mais porções de vegetais por dia têm até 55% menos risco de desenvolver doenças do coração se comparadas a mulheres que consomem menos de três porções por dia.

Um exemplo perfeito dos benefícios de hortaliças e frutas é o caso dos vegetarianos, que talvez passem a vida torturados pelo cheiro de um churrasco mas, a longo prazo, têm saúde melhor que a de seus colegas carnívoros. Nos Estados Unidos, várias pesquisas mostram que os vegetarianos têm menos câncer, hipertensão e 50% menos doenças coronárias que as pessoas em geral. Eles também têm facilidade para controlar o peso e vivem mais. Contudo, para fazer justiça à carne, talvez a questão verdadeira não esteja nos efeitos prejudiciais que um filé pode causar, mas nos efeitos protetores que o consumo abundante de frutas e verduras certamente traz.

Se tudo isso não bastar, os vegetais também são uma excelente defesa contra o câncer. Estima-se que pelo menos 35% das mortes por câncer poderiam ser evitadas só com dieta, com frutas e legumes liderando o pacote de prevenção contra a doença. Por exemplo:

- Vegetais ricos em vitamina C, como laranja, pimentão vermelho, tangerina e acerola, reduzem casos de câncer no esôfago, estômago, pulmões, útero, cólon e pâncreas.
- Manga, cenoura, batata-doce e papaia, ricas em caroteno, diminuem o risco de câncer nos pulmões e no fígado.
- Vegetais da família dos crucíferos, como brócolis, repolho e couve-flor, reduzem o risco de câncer em geral.

Essa é apenas a ponta do *iceberg*. Comer grandes quantidades de vegetais ajuda a evitar derrames, fortalece os ossos contra a osteoporose, previne infecções do trato urinário, diminui o risco de diabetes e pressão alta e melhora o sistema imunológico. Uma dieta rica em vegetais também ajuda a prevenir rugas e o envelhecimento precoce da pele, e com isso você ganha uma aparência mais jovem, além de se sentir e agir como uma pessoa de menos idade e viver mais. De acordo com um estudo da Universidade de Nápoles, na Itália, as pessoas que vivem mais de cem anos também têm uma saúde melhor. Seu segredo? Você sabe: elas comem muitas frutas, legumes e verduras.

Por fim, mas não menos importante, como Sueli descobriu, porções generosas de frutas e hortaliças são fundamentais para controlar o peso pela vida toda. Mulheres que enfrentam problemas de peso necessariamente consomem grandes quantidades de alimentos calóricos e muito pouco de vegetais. Walter Willett, professor da Escola de Saúde Pública de Harvard, resume a questão: "Pegamos alimentos saudáveis e nutritivos, como o milho, e fabricamos gordura hidrogenada e xarope com alto teor de frutose; depois, jogamos fora a melhor parte. Estaríamos numa condição bem melhor se nossas refeições contivessem alimentos *in natura*, minimamente processados, como frutas e legumes".

Por que os vegetais são bons para nós?

A maioria das mulheres sabe que é preciso comer mais brócolis ao vapor e mais espinafre. Sabemos que esses alimentos são as melhores fontes de antioxidantes, como vitamina C e betacaroteno. Os antioxidantes bloqueiam as moléculas de oxigênio altamente reativas chamadas de radicais livres, que danificam o DNA, as membranas celulares e as proteínas, levando ao envelhecimento, doenças do coração, câncer e outros males. Os vegetais também fornecem fibras, que diminuem o risco de doenças cardiovasculares, diabetes e câncer da mama, além de saciar a fome com bem poucas calorias.

O que talvez você não saiba é que mesmo os suplementos vitamínicos e o consumo de farelo de cereais não compensam a falta dos vegetais, pois frutas, verduras e legumes contêm milhares de fitoquímicos que melhoram nossas defesas contra muitas enfermidades. A maioria deles é antioxidante. Por exemplo: os fitoquímicos chamados polifenóis, contidos na uva, diminuem a incidência de doenças do coração e de derrame, pois evitam a formação de coágulos no sangue; os monoterpenos das laranjas previnem o câncer, estimulando enzimas protetoras que combatem as substâncias causadoras da doença. Nos estágios avançados de câncer, os monoterpenos induzem a morte das células malignas. O licopeno dos tomates é um potente antioxidante, que combate os radicais livres associados ao câncer e a doenças cardiovasculares.

Muitos fitoquímicos estão presentes nos pigmentos responsáveis pela cor das frutas e legumes. O vermelho dos morangos e ameixas e o roxo das uvas vêm das antocianinas, poderosos antioxidantes que absorvem os radicais livres. A coloração amarelo-avermelhada ou alaranjada das mangas e cenouras vem de mais de seiscentos diferentes antioxidantes chamados carotenóides, dos quais o betacaroteno, o licopeno e a luteína são os mais conhecidos. Quanto mais escura a cor, mais alto o nível de antioxidantes. Isso significa que uma salada de rúcula é melhor que uma de alface crespa, que, por sua vez, é muito melhor que uma salada de alface americana.

Quanto você consome?

Quantos legumes e frutas você inclui em sua dieta diária? Seja honesta: não exagere. Se você é como muitas mulheres, é provável que inclua três, talvez quatro porções desses alimentos em suas refeições. Em 1991, o Instituto Nacional do Câncer dos EUA lançou um programa para estimular o consumo de cinco porções de frutas e hortaliças por dia. Entretanto, apesar de a ciência enaltecer os benefícios desses alimentos, o consumo diário médio no país aumentou apenas o equivalente a 0,3 porção (ou uma mordida de brócolis) desde os anos 1970. Talvez isso aconteça porque muitas pessoas cresceram sem o hábito de se alimentar de vegetais. Muitas mulheres que entrevistei comentaram que frutas e verduras não fizeram parte da sua infância. "Exceto por uma rara banana, minha mãe não gostava de frutas, por isso não existiam em nossa casa", conta Graça, vendedora.

Além da falta de hábito, ou talvez por causa dela, não percebemos que nosso consumo de vegetais é insuficiente. Em estudos da Universidade de Maastricht, na Holanda, 88% das pessoas que não incluíam grandes quantidades desses produtos em sua dieta pensavam que tinham o suficiente. Sentir a necessidade de mudar essa situação é o fator mais importante para melhorar uma dieta, mas as pessoas não estarão dispostas a comer mais brócolis se pensarem que já têm o bastante.

As escolhas que fazemos

Quando escolhemos frutas e legumes, em geral nossas opções são limitadas a poucos produtos. Entre várias dezenas de frutas diferentes,

VOCÊ COME O SUFICIENTE? QUERO DIZER, DE FRUTAS, VERDURAS E LEGUMES

Seja honesta. Você consome religiosamente a sua cota diária de oito a dez porções de frutas, legumes e verduras? Ou faz corpo mole, ilude-se ou foge da seção de hortifrútis do supermercado? Faça o teste para saber:

1. Meu café-da-manhã em geral consiste de:
   a. uma xícara de café e uma olhada rápida no jornal
   b. um pedaço de bolo ou um sanduíche de presunto
   c. uma tigela de cereal integral com uma banana picada e leite desnatado e um copo de suco de laranja

2. Meu almoço normalmente inclui:
   a. uma visita à lanchonete para comer hambúrguer, batatas fritas e refrigerante
   b. um sanduíche, salgadinhos e um iogurte desnatado
   c. uma refeição com pouca gordura, uma salada mista, uma fruta e um iogurte desnatado

3. Meu jantar à base de vegetais compõe-se de:
   a. fatias finas de cebola sobre minha pizza
   b. batatas cozidas, batatas fritas, milho e alface americana

escolhemos apenas umas poucas favoritas, como banana, maçã e uva. Batatas e alface encabeçam a lista de legumes e verduras. Para obter a vitamina C contida em uma xícara de suco de laranja, você deve tomar 57 xícaras de suco de maçã, e para obter a quantidade de vitaminas e minerais presente em uma xícara de espinafre você deve comer o equivalente a seis xícaras de alface americana. Em outras palavras, daríamos um grande impulso nutricional em nossa dieta se consumíssemos man-

c. uma folha verde-escura ou um legume amarelo, vegetais crucíferos (repolho, brócolis, aspargo, couve-de-bruxelas etc.) ou outra opção de cor forte

4. Além de leite desnatado, ou leite de soja, gosto de beber:
   a. refrigerante ou café
   b. água, suco de maçã ou outro suco de frutas pronto para beber
   c. suco natural de frutas, como de laranja, melão, abacaxi, uva, cenoura ou beterraba

5. Nos restaurantes, minha tendência é pedir:
   a. bife ou hambúrguer e batatas fritas
   b. massa com carne ou peixe
   c. frango ou peixe grelhado, uma salada, legumes no vapor e uma salada de frutas

6. Minha pizza predileta tem:
   a. mussarela, calabresa e *bacon*
   b. frango ou presunto
   c. pimentões, cogumelos e outros vegetais, acompanhada de salada

gas, morangos, papaias, ameixas, *kiwis*, uvas, melão ou goiaba e trocássemos as batatas fritas por batatas-doces ou mandioca cozida, pimentões vermelhos, brócolis e agrião, todos alimentos bem coloridos e cheios de antioxidantes, vitaminas, minerais, fitoquímicos e fibras.

Certas dietas da moda não contribuíram para a causa dos vegetais. "Temo que a popularidade atual das dietas de baixos teores de carboidratos encoraje as pessoas a se privarem de legumes e frutas", lamenta Jeffrey Blumberg. "Quem imaginaria que alguém encontraria um jeito de rotular algo tão nutritivo, como uma fruta ou uma cenoura, como 'ruim' para você!" Seja isso um hábito, seja a tendência alimentar do momento, a verdade é que o porquinho-da-índia do meu filho consome mais verduras em um dia que a maioria das mulheres consome em uma semana.

(*continuação*)

7. No lanche da tarde, prefiro:
   a. uma xícara de café ou uma lata de refrigerante
   b. um pacote de salgadinhos ou um biscoito
   c. minicenouras, uma maçã ou iogurte de frutas

8. Antes de dormir, sempre me reservo uma guloseima:
   a. biscoitos de chocolate, uma fatia de bolo ou um doce
   b. pipoca ou salgadinhos
   c. morangos ou outra fruta fresca com ou sem sorvete

9. Em média, incluo ___ legume(s) e/ou fruta(s) em cada refeição:
   a. se as batatas fritas não valem, sou um zero à esquerda
   b. um
   c. dois ou mais

Quais são os melhores?

Embora qualquer fruta ou hortaliça valorize uma dieta, algumas opções são nota 10 na escala nutricional. Podemos chamá-los de os superalimentos da mãe Natureza. As indicações a seguir contribuem para uma boa saúde, longevidade, clareza de pensamento e uma grande resistência a resfriados, infecções e doenças. Ao aceitar meu desafio de dobrar seu consumo de vegetais, certifique-se de que algumas dessas ou todas essas opções marquem presença em seu prato:

Folhas verde-escuras

É quase impossível satisfazer suas necessidades nutricionais sem incluir folhas verde-escuras na dieta. Uma porção de acelga cozida fornece

Resultado:

Maioria de respostas C: Parabéns! Provavelmente, você consome de oito a dez porções de frutas e legumes todos os dias.
Maioria de respostas B: Você procura se alimentar de modo saudável, mas é provável que ainda esteja longe de consumir sua cota diária de vegetais. Acrescente pelo menos uma fruta ou legume – que não sejam batatas fritas, alface americana e suco de laranja pronto – em cada refeição ou lanche.
Maioria de respostas A: Você tem de se esforçar mais. Seu consumo diário de vegetais é muito baixo. Evite as batatas fritas e inclua em suas refeições pelo menos uma fruta cítrica e uma porção de folhas verde-escuras todos os dias.

150 miligramas de magnésio, o que equivale a 54% da quantidade recomendada para uma mulher por dia. Folhas verde-escuras também aumentam o seu consumo de fibras, vitamina C, ácido fólico e vitaminas do complexo B, que diminuem a incidência de doenças do coração, perda de memória e defeitos congênitos, além de fornecer vitamina K, que fortalece os ossos, e minerais como cálcio, ferro e potássio.

Além desses benefícios, um estudo da Universidade de Cornell revelou que, de todos os vegetais estudados, o espinafre mostrou-se o mais eficaz para inibir o crescimento de células cancerígenas. Alimentos verdes são fontes especialmente boas do fitoquímico luteína, que previne a perda da visão causada pelo envelhecimento. "O consumo abundante de espinafre, couve e outros alimentos ricos em luteína pode prevenir a catarata e a degeneração ocular em até 40%", afirma Blumberg. Ele continua: "As pessoas precisam de 6 a 12 miligramas de luteína todos os dias, mas, em geral, consomem apenas uma pequena fração desses valores".

É fácil incluir folhas verde-escuras na dieta. Você precisa de pelo menos uma porção (uma xícara do alimento cru ou meia xícara da folha cozida), de preferência duas, diariamente. Um bom começo é incluir o espinafre em sopas, recheios de torta ou prepará-lo ao vapor para acompanhar peixe. Essas verduras vão bem em lasanhas, quiches vegetarianas, omeletes e, claro, em saladas. Enrole o recheio de panquecas em folhas de couve e prepare o espinafre na frigideira com pouco azeite e alho (cozinhe as verduras rapidamente com um mínimo de água para aproveitar ao máximo o betacaroteno e a luteína das folhas).

Legumes amarelos

Uma porção de vegetais alaranjado-escuros fornece cinco vezes a quantidade mínima diária indispensável de betacaroteno, que reduz o risco de câncer. De acordo com Blumberg: "As dietas que contêm entre 10 e 15 miligramas diários de betacaroteno (que também contêm carotenóides e fitoquímicos) reduzem o risco de várias formas de câncer". Os vegetais alaranjado-escuros também protegem o organismo dos resfriados, infecções e da ação do sol. "O betacaroteno se acumula na pele, oferecendo proteção parcial contra os efeitos prejudiciais dos raios solares", observa Ronald Watson, professor do Centro de Ciências da Saúde do Arizona. Esses alimentos ainda oferecem grandes quantidades de vitamina C, potássio e ferro, além de mais fibras do que há numa fatia de pão integral ou numa tigela de mingau de aveia.

Você precisa de pelo menos uma porção diária (o melhor seriam duas) de vegetais cor de laranja. São muitas as maneiras de atingir essa meta. Faça um purê de abóbora ou de cenoura com mandioquinha e use-o para engrossar sopas ou como acompanhamento de outros pratos. Substitua a batata pela batata-doce cozida ou assada. Rale algumas cenouras e misture-as ao molho do macarrão e à massa de bolos ou use-as no arroz e no caldo de feijão. Coma fatias de mamão no lanche da tarde ou na sobremesa.

Frutas vermelhas

Frutas vermelhas fornecem fitoquímicos como flavonóides, ácido elágico e antocianinas. "Essas substâncias são antioxidantes poderosos associados à redução do risco de doenças cardiovasculares e câncer, além de proteger o cérebro", diz Gary Stoner, professor da Universidade do Estado de Ohio. Frutas vermelhas são ainda ricas em fibras, potássio e vitamina C e, como outras frutas, ajudam a controlar o peso.

Stoner recomenda consumir uma xícara de morangos frescos ou outras frutas vermelhas três ou quatro vezes por semana. Experimente misturá-los a saladas, ao cereal matinal, ao iogurte. Uma taça de morangos cobertos com gelatina colorida faz uma deliciosa sobremesa. Não se esqueça de que você também pode mergulhar a fruta em calda de chocolate *diet*.

Kiwis e mangas

Essas frutas são tão saborosas que parecem doces e são mais ricas em vitamina C que a laranja. Além disso, contêm fibras, vitamina A, potássio e magnésio. O kiwi também possui outros antioxidantes que previnem o câncer e, possivelmente, ajudam no tratamento da asma.

Corte um kiwi ao meio e o coma com uma colher, ou misture a fruta picada ao iogurte. Use a manga em molhos, saladas e como acompanhamento de peixe. Corte-a em fatias e sirva como sobremesa.

Tomate

O tomate é uma excelente fonte de licopeno, poderoso antioxidante presente no pigmento vermelho das plantas, um protetor do coração. "Altos níveis de licopeno no sangue podem diminuir em até 50% o risco de doenças coronárias em mulheres", informa Howard D. Sesso, coordenador de um estudo na Universidade Harvard que identificou o efeito protetor da substância sobre o coração. Ele recomenda consumir alimentos ricos em licopeno, como o tomate e seus subprodutos, como molhos e suco. Tomate cozido tem mais licopeno que o fruto fresco. Outro estudo sugere que a substância também pode prevenir tumores fibróides, que afetam até 45% das mulheres.

Você precisará de sete porções ou mais por semana, cada uma contendo pelo menos 10 miligramas de licopeno, quantia equivalente a meia xícara de molho de tomate ou dois frutos frescos. Quanto mais vermelho, mais licopeno. Por isso, acrescente rodelas de tomates maduros a saladas e sanduíches. Adicione polpa ou molho de tomate em sopas. No lanche, espalhe molho de tomate fresco sobre uma torrada, cubra-a com queijo branco e aqueça no forno.

O que devemos evitar

A natureza criou produtos perfeitos, porém quanto mais a humanidade interfere nessa criação, mais a nossa saúde padece. Alguns alimentos fingem ser frutas e legumes, mas na verdade são apenas refugos camuflados. Basta olhar para as tortinhas congeladas de frutas e os cereais prontos para comer, que já vêm com banana e mel ou com outras frutas;

em geral, eles possuem uma quantidade ínfima de fruta e muito mais açúcar. Da mesma forma, esses produtos que contêm frutas são doces e não porções de frutas. Por isso, fique atenta ao que vem a seguir.

Bebidas à base de frutas

Toda vez que uma bebida contiver as palavras *suco pronto, suco concentrado, néctar ou refresco* em seu nome, você estará engolindo mais açúcar que nutrientes. Não importa se o produto é natural ou se contém vitaminas. Basicamente, eles são água com açúcar refinado, não muito melhor que os refrigerantes, muito embora os fabricantes afirmem que a bebida é 100% fruta. Evite sucos concentrados congelados, sucos prontos para beber, refrescos em pó e certas polpas com adição de açúcar. Prefira matar a sede com todos os sucos e vitaminas feitos em casa com a própria fruta: de laranja, abacaxi, melancia, melão etc. Experimente adicionar à água um pouco de sumo de limão ou cubos de gelo feitos com frutas frescas.

Prepare um suco natural: bata 3 folhas de couve no liquidificador com 1 copo de água (se precisar coloque mais) e suco ou polpa de maracujá ou limão; se quiser acrescente folhas de hortelã. Adoce com um pouco de mel ou açúcar mascavo. Este suco é muito refrescante, principalmente gelado.

Frituras de vegetais

As dietas de baixos teores de carboidratos desviaram nossa atenção da gordura, mas é preciso tomar cuidado com salgadinhos, anéis de cebola empanados e todo tipo de frituras. Nosso consumo de gorduras tem crescido nos últimos anos, o que contribui para um aumento na ingestão de calorias e para o conseqüente excesso de peso, sem falar que a gordura tem papel importante no desenvolvimento de doenças cardiovasculares, câncer de cólon e outras enfermidades degenerativas. Para satisfazer sua vontade por petiscos crocantes, dê preferência a alimentos assados e legumes frescos (minicenoura, couve-flor) e os mergulhe em molhos sem gordura. Outra opção é molhar pedaços de maçã em misturas que não contenham açúcar.

Chips de banana e de outras frutas

Os fabricantes tomam uma banana perfeitamente saudável e totalmente sem gordura e a transformam no equivalente nutricional de uma batata frita. Além disso, essas versões gordurosas de uma fruta podem conter gordura trans, formada quando o óleo vegetal passa do estado líquido para o sólido. Tais gorduras poliinsaturadas agem como gordura saturada, aumentando o risco de doenças do coração e talvez até de câncer de cólon. Os rótulos, em geral, devem informar a presença de gordura "trans" em qualquer produto. Assim, leia com atenção e escolha somente alimentos livres dessa substância.

Batatas

Uma porção de apenas dez "palitos" de batatas fritas acrescenta 158 calorias e mais de 8 gramas de gordura a uma refeição; falamos aqui de gordura saturada, que entope as artérias, ou de gordura "trans". Se excluirmos a batata da categoria dos vegetais, veremos que consumimos uma quantidade bem pequena dos alimentos mais nutritivos da natureza.

Se você optar pela batata-doce, terá quatro vezes mais cálcio e vitamina B2 e o dobro de vitamina C. Enquanto a batata comum não possui betacaroteno, a batata-doce oferece três vezes mais a cota diária necessária desse poderoso antioxidante, que protege o coração e a pele.

Molhos para salada

Um prato de salada verde é um daqueles pequenos prazeres *lights* da vida. Não tão agradável é o fato de que muitas preparações gordurosas são engolidas sob o disfarce de tempero para saladas. Mergulhar as folhas em molhos gordurosos prova que existe uma confusão entre o que é uma salada saudável de verdade e o que é uma tragédia gordurosa.

A Premium Salad Crispy do McDonald's, por exemplo, tem quantidades moderadas de calorias e gordura, mas basta adicionar o molho que a acompanha para dobrar esses valores. As mulheres emagrecem quando iniciam uma refeição com uma salada de baixas calorias, porém podem acabar consumindo mais calorias se a salada for temperada com ingredientes gordurosos, como queijos e molhos.

Faça seu molho com pequena quantidade de azeite, acrescente vinagre ou limão, adicione as ervas que desejar, como orégano, e experimente este truque: coloque um pouco de molho em uma xícara e, então, primeiro mergulhe o garfo no molho e depois na salada; com isso você deixará a maior parte desse preparado no fundo da xícara, ao final da refeição.

Não caia na armadilha

De quantos legumes, folhas e frutas você precisa? "Não sabemos qual é a cota ideal, mas sabemos que quanto mais vegetais ricos em fitoquímicos comermos, mais fortaleceremos as defesas do organismo contra doenças", diz Winston Craig, professor de Nutrição da Universidade Andrews. Portanto, considere comer pelo menos oito porções diárias desses alimentos. Essa é uma quantidade realmente razoável assim que você olhar para o tamanho das porções. Uma porção é:

- 1 tangerina, 1 ameixa fresca, 3 ameixas pretas secas, ½ goiaba, ½ mamão papaia ou 22 uvas
- Uma xícara de vegetais crus, como alface romana, rúcula ou agrião; tomate ou pepino em cubos; cenoura ralada
- Meia xícara de verduras cozidas, como brócolis, espinafre, couve-flor, repolho
- 170 mililitros de suco

Se você não suporta vegetais, não desista. Comece devagar, incluindo apenas uma porção diária em seu cardápio, e aumente gradualmente até chegar ao mínimo de cinco porções diárias. Experimente os seguintes passos simples.

- **Inclua duas porções em cada refeição e uma em cada lanche.** "Você deve distribuir seu consumo ao longo do dia; caso contrário, na hora do jantar perceberá que comeu apenas uma maçã e se verá diante do desafio de consumir todas as sete porções que faltam na última refeição do dia!", ensina Susan Moores, porta-voz da Associação Dietética Americana.

50 MANEIRAS DE GOSTAR DE FRUTAS E LEGUMES

1. Tempere a salada de repolho picado com molho *light* de queijo; maçãs picadas ou abacaxi em cubos são opcionais.
2. Adicione cenouras ou abobrinhas raladas ao molho do espaguete.
3. Faça uma feijoada vegetariana substituindo as carnes por legumes.
4. Adicione tomates picados e coentro ao molho pronto. Use-o para acompanhar minicenouras e pão integral ou mesmo em saladas.
5. Faça o recheio da torta de espinafre com leite desnatado.
6. Enriqueça o sanduíche de peito de peru com folhas de alface e rodelas de cebola e tomate.
7. Congele bagos de uvas e consuma como alternativa ao sorvete.
8. Acrescente ao cereal matinal um punhado de ameixas pretas, morangos, mamão, banana, maçã ou passas.
9. Beba um copo de suco de laranja durante a pausa no trabalho.
10. Misture pêssegos, morangos ou amoras picados ao iogurte.
11. Junte pedaços de laranja à salada de escarola.
12. Coloque mais legumes (como tomate, cenoura, cogumelo, berinjela, cebola, pimentão etc.) do que carnes no espeto misto.
13. Junte ervilhas verdes congeladas à sopa de galinha com macarrão.

- **Dobre a quantidade.** Não é preciso comer oito diferentes tipos de vegetais. Basta dobrar a quantidade dos alimentos que você já consome. Por exemplo: se normalmente você toma 170 mililitros de suco de laranja no café-da-manhã, aumente para 340 mililitros e você terá duas porções. No almoço, sirva-se de duas xícaras de rúcula em vez de uma. No jantar, aumente a meia xícara de ervilhas cozidas para uma xícara e, assim, já serão seis porções... Isso sem contar a maçã no lanche da tarde e os morangos ou uvas antes de dormir.

14. Nunca saia de casa sem sua marmita abastecida de frutas como banana, laranja, maçã, passas, uvas e ameixa ou minicenouras.
15. Reduza frutas frescas a um purê, misture com suco de maçã e congele nas fôrmas de gelo. Use os cubos em bebidas.
16. Acrescente sua fruta predileta ao leite batido.
17. Prepare molhos com manga, papaia, pêssego ou abacaxi e os use para acompanhar carnes, peixe e frango.
18. Adoce o iogurte desnatado natural com frutas.
19. Após o jantar, arrume uma travessa com frutas picadas para beliscar à noite.
20. Quando comer fora, prefira pratos vegetarianos (sanduíches, saladas, sopa).
21. Peça ao garçom que troque a batata frita por legumes cozidos no vapor, para acompanhar o prato principal.
22. Adicione uvas verdes, pedaços de laranja ou cubos de maçã à salada.
23. Evite as caldas e coberturas e use geléia de frutas sem açúcar sobre panquecas e torradas.
24. Enriqueça sopas e molhos com purê de couve-flor, cenoura ou brócolis.

- **Tenha frutas e legumes sempre à mão.** Encha a geladeira de vegetais não-perecíveis, como batata-doce, escarola (dura mais que a alface), cenoura, cebola e alho. Mantenha maçã desidratada no armário. Corte pedaços de fruta depois do jantar e deixe-os ao alcance da mão. Tenha sempre um pacote de minicenouras sobre a mesa no escritório. "Você ficará surpresa em ver

(*continuação*)

25. Junte frutas secas a recheios e risotos.
26. Dobre a porção normal de qualquer vegetal (exceto batatas fritas e alface americana!).
27. Experimente substituir as batatas fritas por batata-doce assada e cortada em tiras ou por mandioca cozida.
28. Recheie cinco ameixas pretas secas com amêndoas, para ter um lanche doce e crocante.
29. Prepare o jantar seguindo o tema "uma carne e três vegetais".
30. Misture um pacote de legumes congelados (cenoura, salsão) com 1 colher de sopa de azeite, 1 pitada de sal e pimenta-do-reino, salpique alecrim e asse por trinta minutos.
31. Faça uma salada com tomates, milho, cebola, sal e vinagre de arroz para o lanche ou o almoço.
32. Prepare recheios para panquecas com tomates picados, milho, cenoura ralada, coentro e outros legumes.
33. No avião, prefira suco de laranja ou de tomate.
34. Uma vez por semana, coma uma salada no jantar, como salada *Caesar* com salmão ou salada de escarola com frango grelhado e pedaços de laranja.
35. Recorra aos vegetais e verduras lavados e pré-cortados em uma emergência.
36. Grelhe diferentes legumes e leve-os para o almoço rápido no escritório.

como essas frutas e legumes desaparecem quando estão na sua frente, e eles são uma opção muito melhor que salgadinhos e doces", diz Susan.

- **Encha o carrinho de petiscos naturais.** No supermercado, compre frutas e legumes que você possa carregar na bolsa, comer no lanche e petiscar quando tiver fome.

37. Encha metade de um melão com iogurte de frutas.
38. Substitua os sucos prontos para beber por sucos 100% naturais de laranja, abacaxi, melancia e melão.
39. Experimente adicionar pétalas de flores comestíveis, como rosas, calêndulas e amores-perfeitos, em saladas.
40. Misture aspargos e vagens cozidos no vapor à sua massa preferida.
41. Cubra a pizza com berinjela, pimentão vermelho, cebola, abobrinha fatiada e rodelas de tomate.
42. Na lanchonete, peça o sanduíche com rodelas extras de tomate.
43. Junte acelga ou couve a sopas.
44. Compre vegetais em diferentes estágios de maturação, para evitar que estraguem.
45. Abasteça o congelador com verduras e legumes pré-cozidos.
46. Tenha frutas secas sempre à mão para um lanche rápido.
47. Plante uma árvore frutífera ou cultive uma horta orgânica com diversas ervas. Em vez de floreiras, pode usar garrafas *pet* cortadas no sentido longitudinal.
48. Quando jantar fora, peça duas porções de legumes ou divida um prato principal e acompanhe com salada.
49. Em festas, beba suco de laranja ou refrigerante *diet.*
50. Faça um curso de cozinha *light* e troque receitas vegetarianas com as amigas.

- **Pratique a nutrição disfarçada.** Camufle legumes e frutas em sua dieta:
  - Adicione cenouras e abobrinhas raladas ao molho do espaguete, milho à broa, espinafre à lasanha, legumes a sopas e muito tomate e alface aos sanduíches.
  - Inclua um legume em sua vitamina de frutas, como cenoura preparada com suco de laranja.
  - Sirva frutas como sobremesa: morangos com calda de chocolate, salada de frutas regadas com suco de laranja e um fio de mel, ou kiwi, banana, pêssego ou maçã misturado ao seu iogurte predileto.
- **Carregue sua marmita.** "Tenha sempre comida com você", aconselha a nutricionista Debra Waterhouse, autora de *Outsmarting Female Fatigue* [Vencendo a Fadiga Feminina]. "Abasteça sua bolsa, pasta ou a sacola de ginástica com maçãs, laranjas, bananas, minicenouras e passas. Assim você sempre terá opções saudáveis quando bater aquela fome."

12 MANEIRAS DE COMER MAIS FRUTAS

1. Acrescente gomos de laranja ao creme de abacate, para dar um toque cítrico, e coma com torradas *light*.
2. Amasse uma banana, ou raspe uma maçã, e adicione aveia e mel para o café-da-manhã.
3. Salpique sementes de romã sobre frutas, cereais ou saladas. Elas também enriquecem molhos e misturas.
4. Misture dois *kiwis* com um pote de iogurte de morango. Cubra com creme de leite *light* batido e você terá uma sobremesa saborosa.
5. Faça sucos refrescantes combinando diferentes frutas, por exemplo: abacaxi, manga e banana; leite de soja, morangos e laranja; ou mamão, maçã e suco de laranja.

Vegetais orgânicos

Prefira alimentos orgânicos sempre que possível. As substâncias químicas estão por todo o meio ambiente, em nossos pratos e em nossos corpos. Um estudo dos Centros para o Controle e Prevenção de Doenças dos EUA descobriu que 50% das pessoas examinadas acusaram a presença de uma ou mais de 116 substâncias químicas diferentes no organismo. Por outro lado, alguns estudos concluíram que a exposição a substâncias tóxicas existentes no ambiente e nos alimentos não é um problema sério, mostrando que níveis inaceitáveis de pesticidas residuais estão presentes em apenas 2% a 6% das amostras de vegetais. Ninguém realmente sabe os danos que a exposição a pesticidas pode causar, mas, por segurança, é inteligente reduzir essa exposição optando por alimentos orgânicos, lavando bem os produtos convencionais e consumindo uma dieta nutritiva que ajuda a fortalecer a resistência do organismo a toxinas.

O consumo de alimentos orgânicos diminuirá a exposição a pesticidas? Estudos com crianças alimentadas com vegetais orgânicos mostraram

6. Mergulhe fatias de maçã em mel.
7. Junte morangos à torta de maçã.
8. Polvilhe metade de um mamão papaia com uma mistura de aveia e castanhas-do-pará moídas. Regue com suco de laranja.
9. Leve ameixas vermelhas, uvas ou jabuticabas para comer durante as viagens de carro.
10. Adicione suco de laranja à massa do bolo.
11. Misture pedaços de pêssegos com geléia de damasco e canela e espalhe sobre torradas.
12. Sirva fatias de goiaba com queijo branco.

que a concentração de pesticidas na urina é um sexto menor do que a encontrada em crianças que comeram vegetais comuns; outra pesquisa da Universidade de Creta revelou que o azeite feito de olivas organicamente produzidas continha níveis significativamente mais baixos de pesticidas. Se os orgânicos são caros demais para você, ou se não estão disponíveis em sua cidade, descasque e lave bem frutas, legumes e verduras para remover a maior parte dos pesticidas.

Procure acompanhar o desenvolvimento do tema. Milhares de pesquisas realizadas até hoje examinaram somente os vegetais convencionais, não os orgânicos, e sempre encontraram benefícios para a saúde em consumi-los. Qualquer prejuízo que possa advir dos pesticidas é obscurecido pelos benefícios de nos alimentarmos com muitos vegetais.

Você vai amá-los

Mesmo aquelas que detestam os vegetais aprendem a gostar de frutas, legumes e verduras. Nanci, a jornalista que tinha fobia desses alimentos, agora não passa um dia sem eles. "Hoje", conta ela, "minha família come muitas frutas e legumes: vitaminas de banana ou morango toda manhã; maçãs, cenouras ou peras no almoço, e brócolis, ervilhas, feijão, couve-flor ou espinafre todas as noites. Também procuramos comer alguma fruta de sobremesa, como morango ou melão, pelo menos três vezes por semana; costumo servir com um pouco de mel ou creme batido."

ARMADILHA Nº 5

Começar uma dieta sem um plano

Lina, assistente de dentista, é especialista em dietas: "Fiz todas elas, desde a dieta da sopa até não comer nada que contivesse farinha ou açúcar. Também já segui a dieta de baixas gorduras, da combinação de alimentos e até fiz jejum, e fiquei bem alterada com essa!". A cada dieta, ela conseguia emagrecer, mas logo engordava tudo de novo. Lina também tem histórico familiar de doenças cardiovasculares e queria evitar os erros de seus pais, que acabaram desenvolvendo problemas de saúde. Assim, todo início de ano, ela fazia promessas de se alimentar melhor e fazer mais exercícios: "Começo com toda a força mas, depois de um mês, já estou de volta aos meus velhos e maus hábitos; e meu equipamento de ginástica junta poeira embaixo da cama".

Lina não é exceção no mundo das dietas. Muitas pessoas experimentam o vaivém entre tentativas e fracassos em mudar a alimentação e a atividade física. Com freqüência, culpam a si mesmas, acreditando que lhes falta força de vontade ou têm alguma fraqueza de caráter. Muitas vezes, a culpa também recai sobre a falta de tempo, a agenda frenética de trabalho, os filhos, o marido, os genes, o clima, o cachorro... Você escolhe. Nenhuma dessas desculpas tem fundamento, claro. Na verdade, as mulheres tentam e fracassam porque caem na armadilha de embarcar em uma nova dieta sem ter um plano realista para colocar seus objetivos em prática.

Começamos o dia com o objetivo de "comer menos". Economizamos para valer no café-da-manhã, e depois acabamos beliscando tudo o que encontramos à nossa frente. Considerando que nossa memória não é uma boa medida para avaliar se nos alimentamos bem, mesmo se repassarmos as anotações para nosso diário no final do dia, o mais comum é esquecer a metade do que consumimos e minimizar nossas falhas. Não emagrecemos e não compreendemos por quê. De volta à cozinha no dia seguinte, abatidas e confusas, começamos tudo de novo e, mais uma vez, sem ter idéia do que fazer.

O hábito de não pensar em um plano para nossa alimentação nos causa muitos dissabores. Sem planejamento, apenas adiamos nossos problemas de peso e nossos sonhos de comer bem. Contamos mais uma vez a velha história de desejar perder alguns quilos, fazer mais exercício ou comer mais verduras. Confidenciamos a nossas amigas que pretendemos cortar o açúcar ou comer mais fibras. Porém, quando chega a hora de realizar nossas intenções, simplesmente não temos um plano para nos guiar. Podemos começar a mais recente dieta da moda, mas não sentamos para planejar como atingiremos esses objetivos. O problema é que, quando não planejamos o que e quanto consumiremos, de que modo comeremos e, talvez até, com quem compartilharemos nossas refeições, ficamos à mercê do mundo que nos cerca. Em outras palavras, podemos ficar na dependência de muitos alimentos industrializados e de uma dieta rica em gorduras, açúcar e grãos refinados.

Por outro lado, você pode elaborar um plano que lhe dará uma sensação de controle, autoconfiança e força. Um estudo da Universidade de Minnesota descobriu que, independentemente do tipo de dieta, o que leva as mulheres ao sucesso é um muito bem pensado e estruturado plano alimentar, incluindo refeições completas, listas de compras e outras ferramentas específicas. Com um plano assim, mesmo que você se desvie do caminho, saberá o que fazer. Você conta com uma estrutura para a qual retornar.

É o que Lina descobriu quando abandonou as dietas radicais e elaborou um plano próprio de alimentação: "Quando finalmente percebi o que costumava comer e por que, compreendi que não precisava de uma dieta de baixos carboidratos ou sem gordura para controlar o peso e minha saúde. Eu comia em excesso os alimentos errados porque não reservava tempo para preparar refeições nutritivas". Lina costumava sair pela manhã sem tomar o café e depois, na lanchonete perto do escritório, engolia um doce com uma xícara de café. Como não levava o almoço de casa, comia em restaurantes com os colegas. Na hora do jantar, era a mesma história. "Eu encontrava centenas de explicações de por que não tinha tempo de me alimentar melhor", lembra ela, "mas a verdade é que eu não *queria* ter tempo. Estava sabotando meus esforços e nem percebia!"

Quando Lina entendeu que ela mesma minava suas dietas, elaborou um plano. "Hoje", conta ela, "coloco frutas, iogurte e outras coisas boas num liquidificador e guardo na geladeira; faço isso todas as noites. De manhã, levo só um minuto para preparar a vitamina, que tomo enquanto faço a maquiagem. Também me levanto cinco minutos mais cedo do que costumava e preparo alguns petiscos para levar para o trabalho. Isso é tudo o que fiz para perder 5 quilos e atingir meu objetivo de comer pelo menos cinco frutas e legumes todos os dias. Pode acreditar!"

Não caia na armadilha

Você precisa de um plano específico que possa levá-la aonde quer chegar. Muitas vezes começamos uma dieta sem pensar no caminho que faremos para chegar ao nosso destino. "Juro que vou perder 6 quilos", ou "Vou reduzir meu consumo de açúcar", são promessas tão vagas que fazemos a nós mesmas que não há mapa que nos faça chegar lá.

Toda viagem começa com o primeiro passo. "Para a maioria das mulheres, o sucesso da sua alimentação e da manutenção do novo peso a longo prazo vem de modestas mudanças no seu estilo de vida, e não de medidas drásticas", orienta Jim Hill, da Universidade do Colorado. Bastam simples ajustes na maneira como você se alimenta e se exercita. Um passo de cada vez, e não mudanças radicais, é o modo como os planos bem-sucedidos são feitos.

Escreva um diário

Seu mapa para uma dieta de sucesso começa com um diário alimentar, como vimos em *Armadilha nº 1: Comer sem pensar*. Esse registro oferece informações preciosas sobre costumes e atitudes que a impedem de emagrecer. Garanto que ele lhe abrirá os olhos. Talvez você perceba que, quando pula o café-da-manhã, fica predisposta a comer demais à noite ou que a simples visão dos biscoitos no pote de vidro sobre a mesa a estimula a pegar um toda vez que vai à cozinha. A percepção desses comportamentos é o começo do seu mapa.

O passo seguinte é elaborar um plano para resolver os problemas. Por exemplo: você pode decidir tomar um café-da-manhã simples e nutritivo pelo menos cinco dias por semana ou substituir o pote de biscoitos por uma travessa cheia de frutas. Seu plano pode prever que irá preparar refeições saudáveis com alimentos frescos, pesar suas porções ou ainda servir a comida em pratos, não em travessas. Em vez de comer enquanto assiste à TV, você pode planejar ver TV enquanto anda na esteira, faz as unhas ou passa a roupa.

Elabore um plano realista

Seu objetivo principal é ser uma pessoa saudável. Para tanto, é preciso seguir as diretrizes apresentadas na introdução deste livro, que, em resumo, são:

8 (ou mais) frutas, legumes e verduras
6 alimentos feitos de grãos e cereais (sendo 3 integrais)
3 alimentos ricos em cálcio
2 leguminosas, carne, frango, peixe

A partir daí, seu plano deve ser feito sob medida para você, considerando seu estilo de vida e os comportamentos que você identificou ao escrever seu diário alimentar. Após registrar seu consumo por alguns dias e identificar um ou dois hábitos que a prejudicam, proponha algumas soluções. Anote todas as idéias que vierem à sua mente, mesmo se parecerem bobas ou impossíveis. Por exemplo: se seu problema é se empanturrar de guloseimas no cinema, as soluções podem incluir:

- Levar dinheiro suficiente apenas para comprar o ingresso, assim não sobrará nada para gastar com guloseimas.
- Levar petiscos saudáveis de casa.
- Mascar chiclete durante a sessão.
- Sentar sobre as mãos durante o filme.
- Beber somente água.
- Parar de ir ao cinema.

Organize sua lista de acordo com prioridades, começando com as soluções que mais podem contribuir para resolver o problema e são possíveis. Talvez você conheça a si mesma o bastante para saber que não deixará de ir ao cinema, ou que não conseguirá ficar sentada sobre as mãos por muito tempo, ou ainda que será capaz de pedir dinheiro emprestado só para comer alguma coisa. Isso reduz a lista a duas opções: levar o lanche e a água de casa e mascar chiclete. Com base nisso, elabore um plano. Você encontrará algumas sugestões em *Estratégias, técnicas e truques*, mais adiante neste capítulo. Porém, não se limite a elas. Crie as suas também!

Seu plano deve ser realista. Uma das razões pelas quais as dietas da moda não funcionam por muito tempo é que não é realista acreditar que alguém possa viver pelo resto da vida de sopa de repolho, refeições prontas ou estranhas combinações de alimentos. Ao planejar uma estratégia, pergunte-se: "Posso viver desse jeito para sempre? Existe alguma mudança mais fácil de incluir na minha rotina diária?" O melhor plano do mundo nada vale se não se ajustar à sua vida.

Experimente diferentes estratégias e técnicas. O fato de alguma não dar certo não significa que você perdeu a batalha. Significa apenas que você ainda não encontrou a estratégia ou o plano que seja melhor para o seu caso.

Para a corretora de imóveis Paula, por exemplo, formular um plano específico para seguir uma dieta deu resultado. "Tirei férias em junho", explica ela, "e, em julho, minhas roupas não serviam mais. Por isso, desenvolvi um plano alimentar rígido para cinco dias da semana e reservei dois dias para sair dos limites. Se me privava de alguma gulodice num dia de dieta, lembrava que, quando o dia livre chegasse, poderia comê-la. Normalmente, quando esse dia chegava, eu já tinha perdido a vontade. Assim, o plano funcionou. Emagreci e voltei a usar todas as minhas roupas."

Algumas pessoas não precisam de um plano rígido, apenas de uma idéia clara sobre o que fazer. Esse é o caso de Cora, mãe de três adolescentes, que conta: "Nunca fiz dieta propriamente dita. Minhas amigas fizeram jejum e várias dietas estranhas, mas depois engordaram tudo de novo. Fiz o que fazia sentido para mim, que era comer um pouco menos e pensar no que comia. Realizei pequenas mudanças, como diminuir as porções, dispensar a sobremesa mais vezes por semana, comer muita fruta e legumes, jantar só uma salada de vez em quando e fazer mais exercícios. Também passei a levar frutas secas e outros alimentos saudáveis nas minhas viagens, que eliminam o risco de comer em lanchonetes. Ah, comecei a fazer lanchinhos mais saudáveis entre as refeições, e por isso não me sinto tão faminta durante o dia. Isso realmente ajuda a controlar as vontades e, assim, tenho conseguido manter meu peso e minha disposição. Nem consigo me lembrar da última vez que fiquei doente!".

Seu plano é uma ferramenta em constante aperfeiçoamento. Vamos dizer que, após analisar seu diário, você tenha identificado o fato de que seu marido costuma levar doces para casa, aos quais você não consegue resistir. Seu plano inicial é pedir a ele para mudar esse costume (sugestões para conseguir o apoio dos amigos e da família estão em *Armadilha nº 2: Colocar as necessidades dos outros em primeiro lugar*). Algumas semanas se passam e você nota que os doces estão de volta na casa. Siga para o plano B e esconda os doces em um lugar inconveniente, como em um armário difícil de alcançar. Semanas depois, você pode observar que a estratégia "longe da vista, fora da mente" deu certo. Ótimo. Conserve-a.

Se, porém, você se surpreender subindo numa cadeira para procurar aqueles doces, estará na hora de pensar em um plano novo. Em outras palavras, o que funciona hoje pode não funcionar amanhã; por isso, fique atenta e seja criativa.

Dieta e vida

Uma dieta não existe isolada. Ela é parte de sua vida. Por isso, você precisa criar um plano que contemple esse grande panorama. Segundo Anne Fletcher, as pessoas que conseguiram emagrecer e manter o novo peso seguem dez estratégias básicas: "Das dez, apenas três estão relacionadas à comida e ao exercício físico; as outras sete são técnicas motivacionais e de estilo de vida". São estratégias para mudar a mentalidade, aprender a resolver problemas sem recorrer à comida e controlar a própria vida.

SUPERESTRATÉGIAS

Algumas estratégias aceleram o processo de emagrecimento ou de uma melhora na alimentação. Por exemplo:

- Beba leite desnatado ou leite de soja enriquecido com cálcio. Duas porções de leite todos os dias fornecem cálcio, que ajuda a reduzir o risco de doenças e a obesidade.
- Prefira sopa ou salada para o almoço. Começar a refeição assim ajuda a comer menos e reduz o consumo de calorias.
- Prefira chá verde a refrigerantes. O chá verde contém cafeína e polifenóis que parecem acelerar a queima de calorias.
- Coma castanhas e nozes. Embora ricas em calorias, sua gordura monoinsaturada faz bem ao coração e ajuda a emagrecer.

A artista gráfica Salete aprendeu que fazer apenas dieta não era a resposta para conseguir mudanças permanentes em sua vida. "Eu tinha me convencido de que emagrecer é uma questão de cabeça e dedicação", conta ela, "não apenas de comida. Todo Ano Novo eu prometia fazer dieta. No dia 3 de janeiro, eu já havia desistido outra vez. Finalmente, consegui emagrecer, e a diferença é que, dessa vez, coloquei minha mente e minha dedicação nessa tarefa." Em outras palavras, se você se restringir a fazer dieta e exercícios e não mudar mais nada, nem em sua vida nem em seus pensamentos, será bem difícil manter suas conquistas.

Outro exemplo: talvez você perceba que, nos momentos em que se sente cansada, troca as frutas por meio pote de sorvete sem pestanejar. Isso quer dizer que, no seu planejamento, deve prever mais sono ou reduzir a fadiga. Elabore um plano que inclua mais tempo para descanso, sem esquecer de acompanhar como essas mudanças afetam sua saúde, qualidade de vida e hábitos alimentares. Experimente várias soluções até encontrar aquelas que podem resolver seu problema. Quanto mais conhecer seu modo de vida e identificar os fatores que contribuem para cair nas armadilhas, mais próxima estará da essência de seus problemas de saúde, peso ou dieta. Depois disso, desenvolver um plano para corrigir esses problemas é muito fácil.

Dois hábitos essenciais

Em qualquer dieta, existem dois hábitos essenciais para todas nós: nunca saia de casa sem um lanche saudável na bolsa e abasteça a cozinha com ingredientes e alimentos saudáveis e fáceis de preparar.

Não será nada fácil encontrar minicenouras, queijo branco ou leite de soja na maioria dos restaurantes e em lanchonetes *fast-food*. Por isso, não saia de casa sem levar seu próprio lanche. Pense bem: você nem sonharia em ir para o trabalho ou qualquer outro lugar sem primeiro escovar os dentes, pentear o cabelo ou vestir uma roupa limpa. Bem, inclua nessa lista matinal mais um item: preparar um *kit* de sobrevivência alimentar. Arrume frutas, legumes, biscoitos de trigo integral, queijo *light,* saladas e o que mais lhe apetecer em sua bolsa, pasta, no porta-luvas do carro e na sacola de ginástica. Se não fizer isso, estará arriscada a ter de escolher entre uma empadinha e um chocolate na padaria mais próxima.

Planeje suas compras. "Mantenha alimentos não-perecíveis em sua despensa e na geladeira, como macarrão, peito de frango congelado, vegetais congelados, molhos prontos com baixos teores de gordura, além de matérias-primas frescas, como pimentão verde, alho e cenoura, que duram mais tempo. Com uma cozinha bem abastecida, você pode preparar uma refeição saudável e saborosa com pouco ou nenhum trabalho", ensina Susan Moores, da Associação Dietética Americana.

A primeira coisa a fazer é limpar a despensa. Livre-se de toda a tralha nada saudável para dar espaço a alimentos de qualidade. Use as sugestões da *Lista de Compras de Alimentos Saudáveis* e *Renove sua cozinha*, neste capítulo, como guias para o que sai e o que entra em sua despensa. Ao fazer as compras, você deve ter um plano para não ceder a pressões das crianças. Use também as orientações do quadro *Planeje antes de comprar*, que ajuda a navegar pelo supermercado sem sustos.

Manter a casa livre de alimentos problemáticos – aqueles que tentam você a comer demais e errado – é uma boa estratégia para evitar deslizes. Você está preocupada com o que seus filhos vão dizer quando se recusar a comprar salgadinhos, refrigerantes e doces? As crianças podem e irão consumir tudo o que quiserem fora de casa, seja na escola, seja na casa de amigos. Não há necessidade de ter esses alimentos em casa. Pense que você não estará privando seus filhos de um prazer, mas os estará ensinando a desenvolver bons hábitos alimentares.

Prática, prática, prática

Bem, você já tem um plano, estratégias e tudo o mais. Agora, chegou o momento de pôr em prática esses conhecimentos. "A grande questão aqui é saber 'como manter um novo programa alimentar ano após ano'. A resposta indica que o caminho é trabalho e persistência. As pessoas que fizeram dietas bem-sucedidas praticam os novos hábitos dia após dia. Também relacionam esses hábitos ao que é importante para elas. Por exemplo: a hora da caminhada pode ser também a hora da reflexão espiritual ou a hora de encontrar uma amiga querida", explica Hill.

Qualquer nova maneira de lidar com a comida, ou com a atividade física, parecerá um tanto custosa ou desagradável à primeira vista. É aí que entra a prática. Pense em uma habilidade que tenha aprendido: andar de bicicleta, ler, dirigir, cozinhar, jogar vôlei ou outro esporte. O que fez para adquirir esses conhecimentos? Prática, prática, prática. Foram necessários apoio da família e dos amigos, determinação, paciência e muita prática. "O bom dessa história é que, com o tempo, fica cada vez mais fácil. Se as pessoas conseguirem manter um programa alimentar e físico por pelo menos dois anos, serão mais capazes de conservar o novo peso e os novos hábitos. É o velho ditado 'a prática faz a perfeição' posto para funcionar", diz Suzanne Phelan, da Universidade Brown.

PLANEJE ANTES DE COMPRAR

Um plano cuidadoso economiza tempo, calorias e escolhas ruins. As técnicas apresentadas aqui podem ser usadas em feiras, mercearias e supermercados.

- Verifique primeiro a despensa, a geladeira e o cardápio da semana, para definir os itens de que precisará.
- Tenha uma lista básica à mão para fazer suas anotações.
- Organize a lista de compras de acordo com as seções do supermercado.
- Aproveite as ofertas e os descontos somente se os produtos forem apropriados aos seus objetivos nutricionais.
- Nunca vá às compras quando estiver com fome.
- Procure não levar as crianças pequenas com você.

O único modo de melhorar é mudar

O fato de estar lendo este livro indica que você deseja mais para sua vida. É verdade, mudar dá um pouco de trabalho e exige vigilância, mas o resultado vale cem vezes mais que isso. Comece essa jornada desenvolvendo um plano que possa acompanhá-la por toda a vida.

Estratégias, técnicas e truques

Os planos são elaborados com base em estratégias. Veja algumas sugestões para ajudá-la a manter-se na rota do sucesso. Seu problema é administrar sua alimentação e o ambiente em que vive? Tente estas estratégias:

- Sente-se sempre em um lugar adequado para fazer as refeições, como a mesa de jantar.

- Use uma calculadora para avaliar a gordura contida nos alimentos com base nas informações do rótulo: multiplique a quantidade de gramas de gordura em uma porção por 9 (calorias), divida o resultado pelo número total de calorias em uma porção e multiplique por 100 para obter a porcentagem.
- Proponha-se a fazer escolhas conscientes.
- Fique atenta aos anúncios e truques usados nas lojas e embalagens para impulsionar a compra de alimentos calóricos ou desnecessários. Esses produtos, em geral, são colocados na extremidade das fileiras, na altura dos olhos, ou no balcão.
- Nos supermercados, vá primeiro à seção de hortifrutigranjeiros, à padaria e ao açougue. Depois, visite as seções de cereais e grãos, molho de tomate em conserva, temperos e macarrão.

- Não coma lendo, assistindo à TV, dirigindo ou fazendo qualquer outra coisa. Mastigue devagar, prestando atenção aos aromas, texturas e sabores da comida.
- Aprenda a deixar comida no prato.
- Distribua as refeições e os lanches de modo que você possa comer de três a seis vezes por dia.
- Mantenha as tentações fora do seu alcance e da sua vista: guarde esses alimentos em lugares fechados e de difícil acesso, peça a outra pessoa para limpar as sobras nos pratos, retire as travessas de comida da mesa, não leve alimentos inadequados para casa.
- Ocupe-se com outras atividades nas horas em que sentir vontade de beliscar: ande de bicicleta, lixe as unhas, responda a e-mails atrasados, ligue para uma amiga.
- Evite ou elimine os desencadeadores que impulsionam você a comer de forma inadequada. Se passar por uma confeitaria é tentação demais, faça outro caminho.
- Ao chegar do trabalho, vá dar uma volta em vez de entrar na cozinha.
- Programe pausas não relacionadas à comida em sua rotina diária e vá visitar amigos, fazer exercícios ou jardinagem.

Seu problema é saber lidar com pensamentos, emoções, atitudes e crenças?

- Evite usar a comida como recompensa, agrado ou terapia.
- Ouça seu corpo e coma apenas quando estiver com fome.
- Se você busca compensação na comida para a solidão, o tédio ou outras emoções, encontre outros meios de extravasar ou expressar seus sentimentos.
- Relacione suas crenças a respeito de si mesma e da comida. Substitua as crenças negativas que impedem o emagrecimento ("Preciso agradar a todos"; "Preciso ser ótima em tudo") por

pensamentos positivos ("Não preciso agradar a todos"; "Errar é humano").

- Preste atenção aos seus pensamentos sobre comida e peso. Substitua os pensamentos negativos, como "não consigo fazer isso" ou "mereço uma recompensa", por idéias positivas, como "meu peso e minha saúde estão em minhas mãos" ou "eu me esforcei muito e já fiz progressos; não vou parar agora!"
- Todos têm um ponto fraco, um alimento-problema a que não conseguem resistir, que os leva a quebrar a dieta. Determine quando, onde e quanto desse alimento você irá comer e como vai parar de comê-lo. Pense nos alimentos-problema como "alimentos que como de vez em quando, em pequenas porções".
- Concentre-se no que pode alcançar em vez de imaginar o impossível.
- Vigie seus pensamentos: visualize o sinal de "parada obrigatória" sempre que se flagrar pensando em algo negativo em relação a si mesma ou ao seu plano de emagrecimento.

Seu problema ocorre em restaurantes e reuniões sociais?

- Cerque-se de pessoas que apóiam seu novo estilo de vida.
- Em restaurantes, peça para embrulhar metade do jantar antes mesmo de começar a comer.
- Faça um lanche de baixas calorias antes de sair para festas e restaurantes.
- Peça que os molhos que acompanham carnes e saladas venham à parte.
- Evite o álcool, pois ele soma mais calorias à sua dieta e estimula o apetite. Prefira água com gás.
- Defina de antemão o que irá comer em um evento social.
- Cubra seu prato com um guardanapo assim que terminar a refeição ("fora da vista, fora da mente", além de evitar que parentes e amigos a pressionem para comer mais).

- Agende reuniões profissionais ou de negócios fora do horário das refeições.
- Defina o tipo de apoio que gostaria de receber, peça ajuda abertamente e solicite aos outros que não lhe ofereçam comida.

Seu problema é comprar e preparar a comida?

- Compre apenas os itens de sua lista e nunca vá às compras com fome.
- Leia os rótulos para selecionar alimentos com baixos teores de gordura e açúcar.

LISTA DE COMPRAS DE ALIMENTOS SAUDÁVEIS

Sente-se perdida, sem saber o que comprar para a sua nova dieta saudável? Aqui você encontra um exemplo de lista de compras, com espaço para acrescentar suas preferências. Faça cópias desta lista e afixe-a na porta da geladeira, assim poderá conferir os itens de que precisa sempre que for ao supermercado.

Hortifrutigranjeiros

- Frutas e legumes frescos
- Verduras como alface romana, rúcula, escarola, agrião e espinafre
- Alho e cebola
- Legumes e verduras frescos higienizados

Extras:

____

____

- Asse, cozinhe e grelhe carne, frango, peixe e vegetais.
- Como base para sua dieta, evite alimentos processados e prefira cereais integrais, frutas frescas, folhas e legumes, leite desnatado e leguminosas.
- Não cozinhe quando estiver zangada ou ansiosa.
- Beba água enquanto prepara as refeições para evitar que você experimente a comida.
- Inclua ao menos duas frutas e/ou legumes e verduras em cada refeição, e mais uma em cada lanche.
- Ao preparar suas receitas favoritas, use somente metade das quantidades de óleo, manteiga, margarina e outras gorduras.

Padaria

- Produtos feitos de grãos integrais: pão de fôrma, baguete, pão sírio, pão preto, broa de milho e torradas

Extras:

____

____

Laticínios

- Laticínios desnatados: leite, iogurte natural
- Leite de soja (enriquecido com cálcio e vitamina D) ou leite de soja *light*
- Queijo branco e outros queijos magros, tofu
- Iogurte de frutas com baixo teor de gordura
- Requeijão, queijo cremoso, creme de leite, ricota, todos com baixo teor de gordura
- Margarina e manteiga com baixas calorias

(*continuação*)

Extras:

___

___

Açougue

- Peito de frango ou de peru sem pele
- Filé de carne magra
- Cortes de porco com pouca gordura
- Peixe e frutos do mar frescos ou congelados

Extras:

___

___

Congelados

- Legumes e verduras
- Polpa de frutas: morango, acerola etc.
- Sorvete com baixo teor de gordura
- Suco de laranja concentrado

Extras:

___

___

Conservas em lata

- Milho, ervilha e outros legumes
- Molho e polpa de tomate
- Atum em água

Extras:

___

Bebidas, frutas secas e em calda

- Frutas em calda sem açúcar adicionado
- Frutas secas
- Água mineral

Extras:

____

____

Frutos oleaginosos, geléias

- Amêndoas, nozes, castanha-do-pará
- Sementes: girassol, gergelim, papoula, abóbora
- Geléia de frutas sem açúcar
- Mel

Extras:

____

____

Grãos, cereais, macarrão

- Feijão, lentilha, soja, grão-de-bico, ervilha seca
- Arroz integral, arroz selvagem
- Germe e farelo de trigo
- Cereais matinais integrais sem açúcar
- Milho para pipoca (natural)
- Macarrão de trigo integral, macarrão verde

Extras:

____

____

(*continuação*)

Biscoitos e torradas

Cream-cracker e água e sal de trigo integral

Extras:

____

____

Óleos, maionese, molho para salada

- Óleo de girassol, milho, canola
- Azeite
- Maionese *light*
- Molho para salada *light*

Extras:

____

____

Ervas, temperos, farinhas e sobremesas

- Farinhas de trigo integral, de milho, de mandioca, aveia
- Ervas e temperos
- Mistura para bolo e pudim sem açúcar
- Gelatina *light*
- Adoçantes: aspartame, stévia
- Chá verde, chás de ervas, de flores ou frutas

Extras:

____

____

Renove sua cozinha

A mais importante de todas as regras da boa alimentação é *sempre* manter um arsenal nutritivo disponível. Confira as opções saudáveis:

EVITE	PREFIRA
Leite integral	Leite desnatado
Queijo cremoso	Queijo cremoso *light*
Iogurte de frutas	Iogurte natural desnatado ou iogurte com polpa de frutas *light*
Queijos amarelos	Queijo branco ou queijo de soja
Suco de fruta pronto	Suco de fruta natural
Carne vermelha gordurosa	Peito de frango, peito de peru e peixe
Pão e arroz branco	Grãos integrais
Farinha branca	Farinha de trigo integral
Cereais ricos em açúcar	Cereais integrais, aveia, germe de trigo
Granola	Cereais integrais
Manteiga	Azeite
Margarina comum	Margarina *light*
Maionese	Maionese *light*, mostarda
Molho para salada	Molho vinagrete sem óleo
Molhos gordurosos	Molhos de baixas calorias, como de iogurte

Sal em excesso	Ervas frescas, suco de limão, temperos, alho
Alface americana	Alface crespa e romana, espinafre, escarola
Biscoitos	Frutas frescas e legumes
Frutas em calda com açúcar	Frutas frescas, frutas em calda sem açúcar
Vegetais congelados e temperados	Vegetais congelados ao natural
Refrigerante	Água, leite de soja, suco de fruta natura
Salgadinhos, batatas fritas	Nozes, sementes, frutas secas
Doces, biscoitos	Biscoitos feitos de trigo integral, sem açúcar
Sorvete	Sorvete light, frozen yogurt e cubos congelados de suco de fruta natural
Calda de chocolate	Calda de chocolate com baixo teor de gordura, chocolate meio amargo ou chocolate *diet*

ARMADILHA Nº 6

Desculpas, desculpas, desculpas

"Já tentei todo tipo de dieta, mas simplesmente não consigo emagrecer. Deve ser meu metabolismo."

"Eu quero fazer exercícios, quero de verdade. Só não tenho tempo."

"Minha mãe e minha irmã são gordas. Não existe dieta que dê certo para mim. Herdei esse peso!"

"Comida saudável é muito cara. Sabe quanto custa um queijo *light*?"

"Não tenho força de vontade."

"Engordei quando tive meus filhos, e esse tipo de peso nunca mais baixa."

"Ginástica me dá fome, então como mais e engordo. Não consigo vencer essa situação."

"Detesto legumes, por isso comer bem não é para mim."

"Dietas não funcionam. Todo mundo acaba engordando tudo outra vez. Por que me incomodar?"

"Não posso comer nenhum laticínio porque sou alérgica a leite."

"Eu gostaria de me alimentar melhor, mas a comida saudável tem gosto de papelão."

"Engordo só de olhar para um hambúrguer. Acho que nasci para ser gorda."

Como podemos ver, somos mestres no hábito de arranjar desculpas e nos isentarmos da culpa. Afirmamos que queremos nos alimentar bem, mas mal terminamos a frase e já lamentamos como é difícil arranjar tempo, dinheiro e condições para que isso aconteça. Nossas razões, reclamações, argumentos e justificativas não têm fim. Temos certeza de que nossas intenções são prejudicadas por nossos hormônios, glândulas, falta de tempo, filhos, pais, amigos, trabalho ou escola, o cachorro... ou então o clima. Culpamos a TPM (tensão pré-menstrual) pela nossa compulsão por doces, culpamos a fisiologia pela nossa necessidade de chocolate, culpamos a gravidez pelos nossos quilos extras e o estresse por termos devorado um pote inteiro de sorvete. Não fossem nossos problemas, comer bem seria uma moleza!

"Durante anos, usei a escola como desculpa para não conseguir emagrecer", conta a corretora de imóveis Paula. "Eu era tão preocupada em estudar e cumprir todos os prazos que devorava o que aparecia pela frente, bebia muito café e comia demais todas as noites. Quando me formei, não pude mais usar essa desculpa e fui obrigada a enfrentar a realidade de que era eu, e não a escola, a responsável pelo meu excesso de peso."

Você pode mudar

Muitas mulheres desenvolveram a crença de que é impossível comer de modo saudável. Entretanto, as pessoas mudam, sim, todos os dias, a despeito das dificuldades. Cerca de uma em cada cinco mulheres que fazem dieta para emagrecer ou para se alimentar melhor irá realmente fazer as mudanças necessárias para manter o novo peso; muitas outras fazem mudanças simples, que produzem enormes benefícios à saúde.

Como elas conseguem? Enfrentando a realidade. É o que mostram estudos com pessoas que emagreceram muito e mantêm o novo peso. Elas conseguiram alcançar seus objetivos porque "deixaram as desculpas de lado e se dedicaram a mudar seu comportamento, perder peso e se tornar ativas", afirma Suzanne Phelan, da Universidade Brown.

O momento decisivo em todas essas histórias com final feliz aconteceu quando as pessoas perceberam que a solução do problema estava em suas mãos. "Essas pessoas não conseguiram perder peso em dietas anteriores porque não fizeram isso por si mesmas, mas pelos outros", diz

Anne Fletcher, "mas, assim que perceberam que não existe uma solução mágica para o problema, aceitaram o fato de que emagrecer só cabia a elas." Entenderam que as mudanças que deviam fazer seriam para a vida toda e que isso era importante para sua saúde, bem-estar e respeito próprio. Assim, deixaram de se perguntar "por que eu?" e abandonaram todas as desculpas.

Como vimos anteriormente, muitas mulheres são as piores inimigas de si mesmas, dificultando os próprios planos para mudar seus hábitos. "Muita gente reclama do seu peso, mas, quando confrontadas, por exemplo, com a necessidade de fazer mais exercícios, sua resposta é um enfático 'eu já tentei tudo isso e nada deu certo'. Desse jeito, elas acabam sabotando seus próprios esforços", conta o *personal trainer* Vince Nistico.

Não caia na armadilha

Quais são suas desculpas? Todas nós temos as nossas. Se não consegue se lembrar de nenhuma, tente dizer a si mesma: "Vou começar uma dieta segunda-feira sem falta". Agora, ouça as vozes agitadas em sua cabeça procurando justificar por que você não pode: "Agora não vai dar; estou muito ocupada", "Tenho de esperar até depois da festa do fim de semana", "Não posso fazer dieta porque meu marido faz questão de jantar fora duas vezes por semana" ou "Não consigo abrir mão da *happy hour* com os amigos".

Existem formas simples de superar esses obstáculos. Livre-se para sempre da armadilha da desculpa assumindo o controle da sua vida, da sua dieta e dos seus exercícios. Vamos refutar algumas desculpas e encontrar conforto em soluções testadas e aprovadas.

Não importa o que eu coma nem quanto exercício faça; não consigo emagrecer porque meu metabolismo é lento

A maioria esmagadora das mulheres que estão acima do peso tem metabolismo normal; por isso, elas não podem culpar as glândulas pelos pneus em volta da cintura. Mesmo assim, algumas pessoas parecem engordar só de olhar para a comida enquanto outras podem abusar da comida sem se preocupar. "Ainda não sabemos se são diferenças genéticas ou ambientais que explicam por que as pessoas queimam calorias de modo distinto", diz Robert H. Eckel, professor de Medicina da Universidade do Colorado e presidente do Conselho para Nutrição, Atividade Física e Metabolismo da Associação Americana do Coração.

É possível que as enzimas (como a lipoproteína lipase ou LPL) que ajudam a queimar gordura sejam menos eficientes em certas pessoas, ou talvez queimem menos calorias para manter o calor do corpo. É possível que as pessoas mais magras gastem mais calorias porque se movimentam mais. Seja qual for a razão, algumas pessoas armazenam naturalmente um pouco mais de gordura quando comem em excesso.

Entretanto, mesmo se você for geneticamente predisposta a ser rechonchuda, ainda pode ser mais magra e saudável alimentando-se corretamente e se exercitando todos os dias. "Para fazer diferença, quem tem um metabolismo mais lento precisa apenas aumentar a atividade física", explica o especialista em emagrecimento John Foreyt, da Faculdade de Medicina de Baylor.

Herdei o peso da minha mãe, por isso não há nada que possa fazer

É certo que os pais transmitem hábitos alimentares, estilo de vida e genes aos filhos. Contudo, antes de atribuir suas medidas aos seus antepassados, saiba que até uma ou duas gerações atrás poucas pessoas estavam acima do peso. Estudos mostram que até 85% dos hábitos alimentares de uma pessoa são adquiridos e não herdados. Em resumo: é provável que os genes não sejam a única causa para o excesso de peso.

Nossos genes são praticamente os mesmos de 40 mil anos atrás, pois o processo biológico é muito lento. "A obesidade crescente é um fenômeno relativamente recente e reflete um contraste radical entre nossos genes ancestrais e nosso estilo de vida atual", analisa Tom Baranowski, professor de Nutrição Comportamental da Faculdade de Medicina de Baylor. A genética pode aumentar sua propensão à obesidade, mas isso só se transforma em um problema de peso com a ajuda dos hábitos. Sabe-se que muitas pessoas que conseguiram emagrecer de maneira permanente vêm de famílias em que o excesso de peso é regra. Mãe, pai, irmãos, todos são gordos, e assim será até que o padrão seja quebrado.

Há uma teoria que diz que, sempre que seu peso cai para um nível abaixo do padrão do seu organismo, o metabolismo se ajusta, diminuindo o ritmo para usar menos calorias, e, daí para a frente, você passa a ter mais resistência para emagrecer. Entretanto, se seu metabolismo funcionasse realmente desse jeito, você também teria resistência para engordar, pois o metabolismo aumentaria o ritmo para levá-la de volta ao peso-padrão. Eckel explica que todos nós somos programados para ter determinado peso, mas o meio ambiente determina o excesso de quilos. De longe, a maior diferença entre seu peso e o peso de outra mulher está nos hábitos alimentares e na atividade física de ambas. Talvez algumas pessoas jamais venham a ser magras, mas todos podem emagrecer e ter mais saúde.

Não tenho tempo de fazer exercícios

Acredito que você tenha tempo sim; apenas precisa verificar como costuma gastá-lo. Examine honestamente a forma como passa o seu dia, escrevendo um diário de atividades. Anote tudo o que faz hora por hora durante alguns dias, incluindo o fim de semana. Você ficará surpresa ao descobrir quanto tempo passa sem fazer nada ou assistindo à televisão. Então, pergunte-se quando poderia encaixar 20 minutos para caminhar ou se exercitar todos os dias.

Sem exercícios físicos, você não alcançará seus objetivos de boa saúde. Aquele diabinho preguiçoso na sua cabeça pode gritar que você não tem tempo, mas você deve ignorar essas desculpas. Nenhuma dieta sozinha consegue prevenir o envelhecimento prematuro, melhorar o humor, apurar o pensamento ou curar uma série de doenças; você precisa também manter uma atividade física todos os dias.

Fiz ginástica mas não emagreci. Na verdade, engordei!

Se você mantiver uma rotina moderada de exercícios e uma alimentação estável, emagrecerá. Se reduzir o consumo, emagrecerá ainda mais. Se não perder peso, ou você superestima sua atividade física, ou subestima quanto consome, ou desafia as leis da Física. O mais provável

OUTRAS DESCULPAS QUE IMPEDEM O SEU SUCESSO

- **Sou alérgica a laticínios.** Não tomar leite é deixar de ingerir quantidades adequadas de cálcio e vitamina D, dois nutrientes essenciais para a prevenção da osteoporose e do câncer de cólon. Menos de 3% da população é alérgica ao leite e seus derivados; entretanto muitos não conseguem digerir o açúcar do leite, condição conhecida como intolerância à lactose. Mesmo nesses casos, a maioria tem boa tolerância a meia xícara de leite desnatado durante as refeições. Alternativas incluem leite com lactose reduzida e leite de soja enriquecido com cálcio e vitamina D.
- **Feijão provoca gases.** Não se prive de uma das melhores fontes naturais de fibra, ferro, zinco, proteína, vitaminas do complexo B e fitoquímicos protetores, que reduzem o risco de doenças do coração e câncer. Para amenizar o problema dos gases provocados pelos açúcares rafinose e estaquiose, lave bem o feijão em água corrente, deixe de molho por várias horas, jogue a água do molho fora e cozinhe. Ou use produtos naturais que combatem a formação de gases.
- **Odeio peixe.** Dê outra chance ao peixe. Assim, você aproveitará a melhor fonte de gorduras do tipo ômega 3, que diminui o risco de doenças cardiovasculares, demência, depressão, osteoporose, entre outras. Experimente peixes de sabor delicado, como pescada branca, linguado, truta e cação. Compre sempre peixes bem frescos. Se mesmo assim não conseguir comer o produto, experimente suplementos de óleo de peixe.

é que seu problema seja uma combinação das duas primeiras opções, jamais a última.

Pesquisadores da Universidade do Alabama concluíram que, se as mulheres se movimentassem tanto quanto pensam, queimariam quase mil calorias a mais por dia. Nesse estudo, elas descreveram atividades rotineiras como limpar e arrumar a casa, subir escadas e caminhar. Todas

- **Estou muito cansada para fazer exercícios.** Faça a sua atividade física logo cedo, antes de começar a rotina diária. Tome o café-da-manhã e beba água, assim terá mais energia para o dia todo. Para o almoço, combine carboidratos e proteína, como arroz, feijão e frango, que produzem a força necessária para o funcionamento do organismo. Além disso, controle a ingestão de açúcar, pois seu efeito energético, embora imediato, é temporário.
- **Não posso fazer ginástica porque tenho um problema no ombro, no joelho, na coluna, no quadril, no pulso, no cotovelo...** Para cada pessoa, existe um tipo de exercício que respeita a sua condição física e capacidade aeróbica. Não permita que essa desculpa esfarrapada a impeça de viver plenamente.
- **Estou engordando por causa da idade. Errado.** Pesquisas mostram que as mulheres engordam cerca de meio quilo por ano depois dos 30 anos, porém não porque o metabolismo desacelera. É a falta de exercícios e a perda muscular que tornam o metabolismo mais lento. Uma combinação de atividade aeróbica e de condicionamento físico é tudo o que você precisa para aumentar o metabolismo.
- **Engordei quando tive meus filhos.** Cansaço e praticidade levam as novas mamães a preferir alimentos prontos e *fast-food*. As mulheres são mais predispostas a engordar após a gravidez se pararem os exercícios, comerem alimentos gordurosos e tiverem baixa auto-estima.

as mulheres exageraram sobre seu esforço físico, mas as mais pesadas superestimaram sua atividade em cerca de 900 calorias, contra as 600 calorias apontadas pelas mais magras. O problema é que as mulheres acreditam que já são ativas o suficiente, por isso não precisam aumentar seu trabalho físico.

Outra desculpa comum pode ser resumida pelo seguinte raciocínio: "Fiz ginástica, por isso posso comer agora". Livre-se dessa idéia! Você pode engordar facilmente se compensar o exercício físico comendo um doce.

Por outro lado, essas desculpas também podem encobrir um grande desinteresse por atividades físicas. É normal que um programa de treinamento tenha altos e baixos, interrupções e recomeços. Com tempo e persistência, o trabalho físico se torna mais fácil e agradável. Há uma tendência maior em manter uma rotina de exercícios se eles forem feitos pela manhã, antes que outros compromissos tomem todo o seu tempo. Não se dê a chance de pensar: "Será que vou à academia hoje?". É muito provável que sua resposta seja não. Por isso, deixe de sofrer, levante-se e vá.

Não tenho tempo para me alimentar bem

O tempo é seu arquiinimigo? Isso quer dizer que você, espontaneamente, manteria uma boa alimentação se tivesse tempo? O que faria se eu lhe oferecesse 200 reais para você saborear uma refeição saudável? Acharia tempo, então? Se for assim, tempo não é o problema; o problema são suas prioridades.

Vejamos o tempo gasto com a televisão. Se a única coisa que as mulheres tivessem de fazer para comer bem fosse ver menos TV, é provável que teriam bastante tempo para preparar três requintadas refeições nutritivas diariamente. Em média, uma mulher passa cinco horas por dia, 34 horas por semana, assistindo à televisão, quase o equivalente a um emprego de tempo integral! Um estudo mostrou que, para cada duas horas em frente à TV, o risco de engordar aumenta em 23%, e o risco de desenvolver diabetes, 14%. Ver televisão desacelera nosso metabolismo mais que qualquer outra atividade, com exceção do sono, além de estimular o hábito de comer sem pensar, de nos transmitir comerciais invasivos de *fast-food* e até de entorpecer nosso humor.

Além disso, comer bem não toma tanto tempo assim. Não é necessário cozinhar ou comer uma refeição quente para ter uma alimentação saudável. Com uma boa despensa, é mais fácil e rápido preparar uma nutritiva refeição de baixas calorias. Basta uma mudança no pensamento e um pouco de planejamento. Por exemplo:

- **Mantenha alimentos nutritivos acessíveis.** Lave e guarde vegetais crus para usar no preparo de pratos e para beliscar (se preferir, compre frutas, folhas ou legumes pré-lavados e cortados). Congele o pão integral e substitua os biscoitos por uma mistura feita de castanhas, frutas secas, grãos de soja torrados e um pouco de raspas de chocolate.
- **Prepare quantidades extras.** Cozinhe quantidades extras de frango ou arroz integral, corte mais cenouras e cebolas ou faça mais suco de limão, guarde na geladeira e use durante a semana.
- **Prepare refeições em quantidade.** Faça um caldeirão de sopa ou ensopado, cozinhe frango, feijão e faça molhos que poderão ser usados no almoço e no jantar durante toda a semana, ou congele em porções individuais para consumo posterior.
- **Simplifique.** A menos que você seja uma verdadeira mestre-cuca, que adora passar horas na cozinha, evite receitas complicadas que exijam um tempo considerável de preparo, uma longa lista de ingredientes e utensílios especializados.
- **Aproveite os alimentos nutritivos semiprocessados.** Compre alho em pasta, polpa de frutas, verduras e legumes congelados, peito de frango sem pele.
- **Maximize suas opções.** Prefira frutas e vegetais coloridos, água, grãos integrais, leite desnatado, feijões, peixe, peito de frango, azeite e nozes.

Na hora de comer, sente-se à mesa e termine sua refeição antes de ligar a TV. Enquanto assiste ao seu programa favorito, faça tricô ou um bordado, ou melhor, exercite-se na bicicleta ergométrica. Tente desligar a televisão duas vezes por semana e ocupar esse tempo com a família, exercícios e outros hábitos saudáveis.

Tentei de tudo, mas nada deu certo

O que funciona para uma mulher pode não funcionar para outra. Isso não é razão para você desistir. Em primeiro lugar, perceba se tentou de verdade ou se mal se esforçou e, então, desistiu. Em segundo lugar, pergunte-se que razões a levaram ao insucesso. Uma das possibilidades é que sua dieta tenha coincidido com uma mudança de emprego, o que atrapalhou um plano que pode dar certo agora que sua vida se estabilizou novamente. Se acredita, do fundo do coração, que realmente

MEXA-SE!

Chega de desculpas. Sua saúde e suas formas dependem tanto de uma boa alimentação como de um programa de exercícios. Siga estes passos e mexa-se:

1. Pergunte-se por que deseja se exercitar. Não seja vaga, dando respostas como "Porque faz bem para mim". Expresse claramente suas razões. Por exemplo: "A ginástica me ajudará a diminuir cinco centímetros de cintura, raciocinar melhor, ter mais energia, conhecer pessoas, baixar meu colesterol e minha pressão, dormir melhor, levantar meu humor, ser mais *sexy* e reduzir o risco de diabetes".
2. Relacione todas as suas desculpas para não se exercitar. Então, confronte cada uma delas com um plano para superá-la ou com o motivo de ela não ser válida.

tentou, isso significa que você ainda não encontrou a solução mais adequada a seu caso ou algo a fez afastar-se de seus planos, e esse deslize levou a uma recaída.

Quando se trata de mudança de hábitos, especialmente alimentares, todas nós cometemos erros e deslizes e saímos da linha. Retomar nossos planos é a diferença entre o sucesso e o fracasso. "As pessoas que emagreceram e, mais importante, conservam o novo peso atacam logo os deslizes. Ao primeiro sinal de aumento de peso, retomam planos e estratégias que deram certo antes", afirma Suzanne Phelan. Estratégias para lidar com deslizes são apresentadas em detalhe em *Armadilha nº 10: A dieta do tudo ou nada*.

Não se entregue nem se faça de vítima. Continue tentando, até encontrar a combinação certa de hábitos que irá trazer saúde e vitalidade a sua vida. Garanto que valerá a pena!

3. Relacione as atividades que lhe agradam e respeitam suas limitações de tempo e seu estilo de vida.
4. Estabeleça objetivos e planeje como irá empreender suas conquistas. Mais uma vez, seja específica. Por exemplo: "Vou caminhar (ou jogar tênis, ter aula de dança etc.) por 45 minutos, três dias por semana, e levantar pesos na academia (em casa, no clube etc.) por meia hora, duas vezes por semana".
5. Mantenha um registro de suas atividades para monitorar seu progresso.
6. Recompense seu esforço assistindo a seu programa favorito na TV, indo ao cinema ou comprando uma roupa nova.

Comida saudável é muito cara

Boa tentativa, mas não convence. Com um pouco de planejamento, comer bem pode custar menos do que se imagina. É verdade que salmão, azeite de oliva importado e alguns produtos *light* e *diet* industrializados são mais caros que os alimentos comuns, mas não tanto quanto os custos embutidos em uma dieta ruim. "Porções tamanho mega de comida barata parecem ser um bom negócio, até contabilizarmos os custos embutidos de roupas, tratamentos de saúde devido ao excesso de peso, remédios e dias perdidos de trabalho; portanto, o barato sai caro", diz Barbara Rolls, da Universidade do Estado da Pensilvânia.

Alimentos saudáveis como aveia, feijão e maçã custam bem menos que *bacon*, carnes gordurosas e salgadinhos. Para diminuir a conta do supermercado, siga estas sugestões:

- Prefira frutas e legumes da época, que são mais frescos e baratos.
- Procure pelas ofertas.

SEM TEMPO? AQUI VOCÊ ENCONTRA OITO REFEIÇÕES RÁPIDAS

- Peito de frango grelhado acompanhado de molho vinagrete e cenouras cozidas no vapor. Sobremesa: abacaxi em cubos, polvilhado com açúcar, folhas de hortelã picadas e nozes moídas.
- Sopa de lentilha pré-cozida com uma fatia de pão, queijo branco e fatias de maçã. Sobremesa: manga cortada em fatias, salpicada de gengibre ralado e regada com gotas de limão.
- Salada de alface com frango pré-cozido desfiado, feijão-branco em lata e rodelas de cebola. Sobremesa: um picolé de frutas feito em casa de suco congelado.
- Retire um pouco da cobertura e acrescente à pizza pronta rodelas de tomate e folhas de rúcula. Sobremesa: pêra em fatias com morangos, regados com uma mistura de mel e raspas de limão.

- Compre em grande quantidade – a preço de atacado –, juntamente com outras pessoas, e obtenha bons descontos.
- Substitua a carne vermelha por frango, que é mais barato.
- Leve comida quando sair de casa; assim, ficará menos tentada a comprar produtos caros por impulso.
- Prefira produtos de marcas mais baratas.

Falta-me força de vontade

Vamos acabar com essa idéia agora. Resistir às tentações não é uma questão de força interior; ao contrário, trata-se de aprender a se desviar das armadilhas. Procure imaginar-se resistindo a uma tentação como forma de praticar. Sente-se em um lugar calmo, feche os olhos e imagine-se diante de um alimento tentador, como chocolate, sem sucumbir a ele.

Outra forma de mudar esse hábito é controlar seu ambiente. Você não precisa de força de vontade para resistir a um pote de sorvete; basta pôr em prática algumas estratégias para criar um ambiente favorável aos

- Uma fatia de pão integral coberta com mostarda, uma fatia grossa de tomate e uma fatia fina de mussarela *light*. Aqueça no forno até o queijo derreter. Sirva com rodelas de laranja e minicenouras. Sobremesa: uma xícara de leite desnatado com chocolate *light*.
- Macarrão ao alho e pouco óleo. Acrescente espinafre ou brócolis congelados. Se preferir, cubra a massa com rodelas de tomate e gratine. Sobremesa: morangos.
- Espaguete com molho de tomate e manjericão. Bata os tomates, o manjericão e o alho e cozinhe. Adicione camarões congelados e sirva com uma salada de alface. Sobremesa: salada de frutas.
- Prato pronto congelado: peito de frango acompanhado de arroz integral e salada de tomates. Sobremesa: duas fatias de abacaxi.

seus objetivos, e, nesse caso, não comprar o sorvete é a melhor opção. Além disso, coma alimentos saudáveis para não sentir fome e encontre formas não relacionadas à comida para compensar o estresse (o capítulo seguinte aprofunda a discussão sobre comida e humor).

Não preciso mudar minha dieta porque minha saúde já é ótima (ou não preciso fazer exercícios; cuidar das crianças o dia todo já é uma boa ginástica)

Apenas uma pessoa em cada cem mantém uma dieta balanceada. Menos de 20% praticam uma atividade física adequada. Então, você deve ser uma dessas raridades. Mas, mesmo se esse for o seu caso, sempre pode melhorar. "Um dos maiores equívocos é a confusão entre comer alguns alimentos saudáveis e manter uma dieta balanceada e completa", esclarece Susan Moores, porta-voz da Associação Dietética Americana.

NÃO TENHO MOTIVAÇÃO PARA MUDAR

Você não consegue se motivar? Experimente estas dicas:

- Recompense suas conquistas com alguma coisa não relacionada à comida. Toda vez que realizar um de seus objetivos, marque um o.k. em sua lista. Use a regra do "se... então". Por exemplo: "Se comer cinco porções de frutas e legumes hoje, então (e só então) irei ao cinema esta noite".
- Lembre-se deste preceito: se você não gosta do modo como se sente, mude o modo como pensa.
- Estimule uma amiga. Você se sentirá mais motivada a persistir em seus objetivos se alguém depender de você ou a tiver como exemplo.
- Matricule-se em uma academia, contrate um *personal trainer*, participe de um grupo de apoio ou faça um curso de culinária saudável.

Acrescentar uma maçã a uma refeição composta de hambúrguer, batatas fritas e refrigerante não compensa o excesso de gordura saturada, calorias e sal presentes nesses alimentos. Por outro lado, quando o assunto é atividade física, a fadiga que você sente depois de um dia inteiro cuidando das crianças está mais para exaustão mental do que para esforço físico de verdade.

Estar acima do peso ou apresentar sinais de alguma doença não são os únicos critérios a considerar para fazer mudanças em sua dieta. Muitas pessoas estão expostas ao risco de desenvolver doenças e nem sequer desconfiam. A maioria das mulheres com mais de 35 anos apresenta níveis de colesterol e pressão sangüínea acima do normal, o que pode levar a doenças no futuro.

Prevenção é muito mais eficiente que qualquer tratamento. Uma mulher com níveis altos de pressão ou colesterol, mesmo tomando remédios, é duas vezes mais propensa a sofrer um ataque do coração ou

- Cerque-se de lembretes para comer bem e fazer exercícios. Coloque sua sacola de ginástica perto de sua mesa no escritório, afixe um bilhete escrito "*a que horas vou caminhar hoje?*" na porta da geladeira, mantenha um prato com minicenouras sobre a mesa.
- Identifique as situações que desencadeiam seus deslizes, desde pensamentos negativos até mudanças em sua rotina, e planeje como irá administrá-las.
- Reconheça suas conquistas diariamente.
- Imagine-se vencendo as tentações e enfrentando desafios sociais satisfatoriamente.
- Reconheça que mudar seus hábitos exigirá um investimento inicial de tempo.
- Concentre-se nas mudanças graduais em seu estilo de vida e não na dieta ou no emagrecimento.

um derrame. Não espere até entrar no grupo de risco para iniciar uma dieta saudável. "Quanto mais cedo as mulheres fizerem mudanças positivas em sua dieta, melhor será sua saúde hoje e no futuro", conclui Susan.

Minha família jamais concordará com uma alimentação saudável

Você culpa seus filhos ou seu companheiro por não conseguir manter uma alimentação balanceada? Foi exatamente o que a artista gráfica Salete fez. "Cozinhar para minha família foi uma das desculpas que usei durante anos para explicar por que tinha de ter uma alimentação 'normal', o que significava comer demais", admite. "Dizia a mim mesma que meu marido e meus filhos simplesmente não iriam querer comer do modo que eu sabia que era melhor, e por isso adiava tudo." Assim, continuou a levar cachorros-quentes e doces para casa, usando a desculpa de que as crianças gostavam dessas gulodices: "Porém, era eu quem mais gostava de tudo aquilo! Planejava perder os quilos extras somente depois do meu aniversário; e, então, depois da Páscoa; e, então, depois que as crianças terminassem a escola. Quando tudo isso falhou, minha desculpa era que eu não tinha dinheiro para freqüentar os *Vigilantes do Peso*. Nunca era a hora apropriada para eu começar a comer corretamente".

As mulheres são as principais fornecedoras de comida da família. O que compramos e preparamos é basicamente o que nossos filhos e maridos comem. Sim, eles podem reclamar um pouco quando substituímos cachorro-quente e batatas fritas por frango grelhado e brócolis, mas nunca nenhuma criança morreu de fome em uma casa cheia de comida. Não apenas eles se adaptam como adquirem hábitos alimentares saudáveis para a vida inteira.

Um estudo da Universidade de Minnesota revelou que as crianças que compartilhavam refeições saudáveis com a família mostravam menos propensão para fumar, usar álcool e outras drogas, ter depressão ou tentar o suicídio, além de alcançarem um alto desempenho escolar. Outro estudo, do Centro de Pesquisa do Câncer em Seattle, descobriu que a dieta de uma mulher é o maior indicador do que seu marido come.

Quando as mulheres adotam dietas com baixo teor de gordura, a alimentação dos homens também melhora; sua ingestão de calorias, colesterol e gordura diminui e ambos emagrecem. Portanto, ao comer bem, você estará fazendo um grande favor à sua família.

Assuma a responsabilidade

Não há desculpas que se sustentem para você deixar de se alimentar corretamente e se exercitar mais. Mude sua atitude e você mudará sua vida. Especialistas, como o seu médico, um *personal trainer* ou um terapeuta, podem ajudá-la. Amigos e parentes podem apoiá-la. Porém, só você pode assumir a responsabilidade por sua vida. Nenhuma pílula mágica, nenhum guru da dieta, nenhum aparato especial pode fazer isso por você.

ARMADILHA Nº 7

Estou deprimida. Vamos comer!

"Era uma inofensiva caixa de bombons. Por que eles acenaram para mim? Tentei ignorá-los, até saí da sala, mas não houve jeito. Senti como se fosse uma viciada precisando daquela dose de chocolate. Disse adeus a minha força de vontade e lá fui eu, comendo um e depois outro e mais outro. Não consegui parar. Não importava quantos comia, não ficava satisfeita. Eu nem estava com fome: por que continuei comendo?"

Sara, professora de ginástica, estava em meu consultório, zangada e frustrada consigo mesma. Não havia emagrecido o quilo que pretendia naquela semana e estava convencida de que era por causa do marido, que levara aquela caixa de bombons para casa. Ela não conseguia entender por que havia comido tanto. Na verdade, havia planejado não comer chocolate por uma semana. Por que devorou tudo aquilo?

Essa não é uma pergunta fácil de responder. Há quase tantas teorias para explicar o que rege o apetite e nos leva a comer sem controle quanto existem guloseimas tentadoras no supermercado. Até mesmo sua definição é sutil. A fome, ou o instinto de comer, é uma faceta do apetite. Contudo, se a fome for tudo o que temos, o ato de comer seria uma simples questão fisiológica de procurar alimento, comer em resposta a essa necessidade e sair da mesa ao primeiro sinal de saciedade.

Obviamente, muitas mulheres comem mais do que precisam, estejam ou não com fome, e quase sempre tudo o que é errado comer. Uma das causas para esse comportamento é a química do cérebro, uma combinação de substâncias químicas que inclui a serotonina e as endorfinas.

Outras vezes, comemos por razões emocionais, e não físicas, quando estamos zangadas, estressadas, ansiosas, solitárias, assustadas, felizes, agitadas ou entediadas. A escritora Janete é um exemplo perfeito: "Admito que como por razões emocionais. Como quando estou deprimida ou sozinha, quando sinto pena de mim mesma ou algo assim; como para compensar esses sentimentos, de preferência sorvete de chocolate!". Janete só se deu conta do problema quando seu colesterol começou a subir: "Foi um choque tão grande que me senti motivada a cuidar melhor de mim".

Além disso, comemos porque a comida está ali, disponível, porque vemos outras pessoas comer, porque é o que se deve fazer na hora do almoço, porque a comida cheira bem ou parece apetitosa, porque não queremos jogar comida fora. Joana, terapeuta ocupacional, diz: "Dificilmente como porque estou realmente com fome. Em geral, como porque a comida está ao alcance da minha mão e porque ela me atrai". É exatamente como Brian Wansink demonstrou em seu estudo já citado: basta ter comida à vontade para que as pessoas comam em excesso. O estado de espírito apenas junta a fome com a vontade de comer.

Em resumo: ofereça algo apetitoso a uma mulher deprimida e ela estará pronta a ultrapassar os limites. Existe uma razão fisiológica para explicar por que comemos quando nos sentimos abatidas: a comida acalma e conforta.

Esse era o caso de Sara. Continuei a questioná-la a respeito dos acontecimentos que precederam seu ataque aos bombons, e ela comentou que aquele dia havia sido bem estressante. Ela tinha discutido com um colega no trabalho, uma aluna sua havia tropeçado e torcido o tornozelo e, ao voltar para casa, o trânsito estava um pesadelo: "Cheguei em casa esgotada, de cabeça baixa". Tudo isso explica a gana com que ela mergulhou fundo na caixa de bombons que estava sobre a mesa da cozinha.

"O principal responsável pelas recaídas em um programa alimentar é o fator emocional, sobretudo o estresse", declara John Foreyt, da Faculdade de Medicina de Baylor. "Toda vez que os sentimentos afloram, nossa tendência é perder o controle sobre a alimentação." As mulheres são rápidas em adquirir o hábito de acalmar o espírito com a comida. Quando as coisas não vão bem, somos mais propensas que os homens a ceder aos desejos, a usar a comida para nos sentirmos melhor e a devorar guloseimas e delícias cremosas e reconfortantes, como sorvete e chocolate. Comemos para comemorar e para lamentar, para animar e para relaxar. Voltar-se para o chocolate para consolar um coração partido ou acalmar os nervos traz ainda mais estresse para sua vida, não só acrescentando alguns quilos à balança mas também sabotando seu desejo de ter uma alimentação saudável. Com certeza, esse não é um hábito que você gostaria de manter!

Comida para consolo ou sustento?

Nossa mente e nosso estado de espírito funcionam de acordo com a combinação de certos nutrientes. O que e quando comemos é capaz de afetar nosso humor e definir se nos sentiremos felizes, tristes, irritadas, alertas ou sonolentas. É claro que alterações súbitas de humor às vezes são sintomas de doenças, mas, com freqüência, os responsáveis por isso são os alimentos que consumimos. Assim, é possível que Sara tenha se sentido energizada após comer todo aquele chocolate, sobretudo porque ele aumenta temporariamente o açúcar no sangue. Mas a queda que vem depois da excitação, em geral, é pior que o sentimento que a levou a devorar as guloseimas. "Coma os alimentos certos nas horas certas, e você terá energia, mente clara e maior facilidade para controlar o peso", ensina Debra Waterhouse, autora de *Por que as Mulheres Precisam de Chocolate?*

Atividade física regular, apoio da família e dos amigos, sono adequado e consumo limitado de álcool são outros reforços para combater o mau humor ou a queda de energia. Do ponto de vista da alimentação, os carboidratos, a cafeína e o açúcar são os grandes responsáveis por sua vitalidade e agudeza de espírito. O que você consome pela manhã pode até influir na sua tendência a devorar chocolates depois do trabalho. Sempre que se sentir ansiosa, irritada ou cansada, em vez de comer doces e salgadinhos, siga algumas dicas simples e inteligentes, e você não apenas se alimentará bem como se sentirá melhor.

Comida e humor

Não é por acaso que procuramos alimentos ricos em carboidratos, como macarrão ou biscoitos, quando estamos estressadas, cansadas ou tristes. "Inconscientemente, as pessoas se automedicam ingerindo doces ou outros carboidratos, num esforço de se sentir melhor", afirma Debra. Os carboidratos elevam os níveis de serotonina, um neurotransmissor que atua no cérebro ajudando a melhorar o humor e inibindo o apetite. Em sentido contrário, dietas ricas em proteína e pobres em carboidratos reduzem os níveis de serotonina, o que explica por que as pessoas que seguem esse tipo de alimentação se sentem exaustas ou deprimidas.

Vários outros fatores associados ao estado de espírito e à fadiga – da TPM às preocupações da vida moderna – estão relacionados aos baixos níveis desse neurotransmissor e, ao mesmo tempo, ao desejo compulsivo por alimentos ricos em carboidratos. Os níveis de serotonina são, em parte, regulados pela luz solar: quanto mais alta a exposição, mais serotonina é produzida no cérebro. "Entretanto, nossa exposição ao sol decresce no inverno, o que ajuda a explicar por que algumas mulheres se sentem mais cansadas e estressadas, além de sofrer mais com os sintomas da TPM e da menopausa durante esse período do ano", conclui Debra.

Então, o segredo é *quando* comer carboidratos. Um estudo da Universidade do Estado de Kansas revelou que mulheres que tomaram refrigerantes com adição de açúcar (que fornecem carboidratos) ficaram mais sonolentas do que as que beberam água ou bebidas sem açúcar. Por isso, uma refeição rica em carboidratos pode prejudicar a concentração e deixá-la mais lenta e relaxada, o que seria ótimo após o jantar mas poderia interferir no seu desempenho durante uma reunião de trabalho à tarde.

Controlar o desejo de comer envolve mais que serotonina. A vontade de ter torradas, pães ou bolos no café-da-manhã pode ser governada pelo neurotransmissor químico neuropeptídio Y (NPY), que estimula o organismo a reabastecer as reservas de glicose, ao passo que o apetite por carne, sorvete, molhos e outros alimentos gordurosos pode ser provocado por diferentes neurotransmissores, incluindo a galanina ou as endorfinas.

De qualquer forma, a solução é simples: cuide de suas compulsões em vez de combatê-las. "Se você ignorar essas mensagens do organismo, poderá oscilar da abstinência à comilança, principalmente naqueles dias em que suas emoções estiverem à flor da pele", explica Debra.

O café no limiar do nervosismo

O aumento instantâneo do estado de alerta fez da cafeína a mais consumida entre as drogas estimulantes do sistema nervoso. Presente no café, no chá e em refrigerantes do tipo cola, a cafeína inibe a ação da adenosina, neurotransmissor que induz ao relaxamento. Como resultado, permanecemos acordados por mais tempo, nossas reações são mais rápidas e nossa concentração melhora no prazo de até uma hora após tomar uma xícara de café ou um refrigerante.

Infelizmente, a cafeína é uma faca de dois gumes. Em grandes quantidades, leva à fadiga, um dos primeiros sintomas da privação de cafeína. Também causa irritabilidade ou um pouco de tristeza. Estudos publicados nas revistas *Behavior Therapy* (Terapia do Comportamento) e *Journal of Abnormal Psychology* (Revista de Psicologia Anormal) mostraram que retirar a cafeína (ou o açúcar) da dieta de pessoas que sofrem de depressão melhorou seus níveis de energia e humor em duas semanas. "Em geral, essas pessoas relataram sentir mais energia e depois sua depressão melhorou", afirma o autor do estudo, Larry Christensen, chefe do departamento de Psicologia da Universidade do Alabama do Sul.

A corrida do açúcar

Nunca consumimos tanto açúcar como agora. Contudo, toda essa doçura pode corroer nosso humor. Quando comemos um doce, o açúcar é rapidamente absorvido pela corrente sangüínea, elevando de imediato a taxa de açúcar no sangue, que, entretanto, é seguida por uma queda súbita, em geral, para níveis mais baixos do que *antes* de engolirmos a guloseima. Esse mecanismo é capaz de deixá-la irritada, cansada, deprimida ou nervosa. "Quem recorre aos doces ou ao café pode aliviar a fadiga e se sentir melhor temporariamente, mas os sintomas retornam", afirma Larry Christensen. A pessoa, então, procura uma nova dose de açúcar e um ciclo vicioso se estabelece. Segundo o pesquisador, eliminar o açúcar e a cafeína da dieta é uma solução permanente para quem luta contra a depressão. Reduzir o consumo é uma ótima idéia para qualquer um.

ALIMENTOS PARA MELHORAR O SEU HUMOR

Gorduras do tipo ômega-3

Benefícios: As sociedades nas quais as pessoas consomem grandes quantidades dessa gordura têm até sessenta vezes menos incidência de depressão do que as que ingerem pouca ou nenhuma gordura ômega-3. Pessoas que ingeriram cápsulas de óleo de peixe, rico em ômega-3, também mostraram níveis menores de depressão. "Constatamos uma redução de até 50% na depressão em pessoas que não respondem à medicação tradicional. Porém, não é preciso ter depressão para se beneficiar dos ácidos graxos ômega-3, pois eles melhoram a sensação de bem-estar de modo geral", diz o médico e pesquisador Joseph Hibbeln. A boa gordura pode ainda manter estáveis os níveis da pressão arterial e ajudar a combater o estresse.

Fontes: Peixes de água salgada, como salmão, arenque, cavalinha e sardinha; nozes e óleo de linhaça.

Ácido fólico

Benefícios: Essa vitamina do complexo B auxilia as células nervosas a produzir vários neurotransmissores que regulam o humor e o cérebro.

Existe uma explicação óbvia para recorrermos a delícias cheias de açúcar e gordura, como bolachas de chocolate, *milk-shakes*, hambúrgueres e batatas fritas, quando estamos estressadas. De acordo com uma pesquisa da Universidade da Califórnia em São Francisco, esses alimentos minimizam os sintomas do estresse e acalmam nossa agitação. Os hormônios relacionados ao estresse comandam uma resposta do organismo conhecida como "fuga ou luta" – a pressão sobe, o coração e a respiração se aceleram, os músculos se contraem – e, ao mesmo tempo, ordenam que o cérebro procure alimentos ricos em açúcar e gordura, que, por sua vez, suavizam a resposta ao estresse e nos ajudam a superá-

Também reduz os níveis de homocisteína no organismo, diminuindo o risco de arteriosclerose. O baixo consumo de ácido fólico é relacionado à depressão e à perda de memória, ao passo que a ingestão adequada da substância melhora o humor, a atenção e as funções cerebrais.

Fontes: Folhas verde-escuras, como espinafre, acelga, couve e alface romana, leguminosas, laranjas e amendoim. Quantidades menores são encontradas em sementes de girassol e grãos integrais.

Antioxidantes

Benefícios: O organismo depende dos antioxidantes – das vitaminas C e E aos inúmeros fitoquímicos – para se proteger contra lesões das células e perda de memória causadas pelos radicais livres, gerados por hormônios relacionados ao estresse que são altamente reativos a moléculas de oxigênio.

Fontes: Frutas e legumes como ameixa preta, morango, batata-doce, cenoura, brócolis, tomate, uva e manga, chá verde, grãos integrais.

lo. Em essência, alimentos açucarados e cremosos oferecem uma pausa à resposta do cérebro ao estresse crônico.

A artista gráfica Salete sabe por experiência própria como o estresse crônico nos faz comer: "Raramente sinto fome física. Ao contrário, passo o dia todo comendo, ou porque estou nervosa, ou por causa do meu trabalho. Fico no computador, tentando ser criativa. Comer sem parar se tornou tanto uma distração como uma forma de acalmar a ansiedade e me concentrar".

Mães e donas de casa também sucumbem com facilidade ao impulso de comer, principalmente quando as crianças as deixam nervosas. Vitória, escritora *freelance*, admite: "Ficar em casa cuidando dos meus filhos pequenos é uma situação exaustiva. As tardes são particularmente difíceis, sobretudo quando meu marido trabalha até mais tarde e ainda faltam várias horas até que as crianças me dêem um pouco de sossego. Os doces e o chocolate se tornaram meu consolo e minha recompensa; eles mantêm meu espírito para cima e fazem o tempo passar mais depressa".

Outro aspecto a discutir aqui é que os hormônios do estresse também ativam os receptores de gordura do abdômen, armazenando todas as calorias extras como reservas de gordura, bem conhecidas como pneus, barriga e culote. "O estresse crônico libera maior quantidade de cortisol no organismo, o que aumenta a compulsão por alimentos ricos em carboidratos e gordura, e faz com que as calorias sejam armazenadas no abdômen, local em que ficam disponíveis para suprir novas reações de estresse", explica Pamela Peeke, autora de *Body for Life para Mulheres*. (Sextante, 2006). O acúmulo de gordura na barriga, por sua vez, aumenta o risco de doenças cardiovasculares, diabetes, hipertensão e câncer.

Vício em açúcar

Recorrer ao açúcar de vez em quando para acalmar os nervos provavelmente não fará mal, mas repetidas incursões ao pote de bolachas, além de engordar, podem até causar vício. Uma pesquisa recente da Universidade de Princeton descobriu que "animais mantidos em dietas ricas em açúcar exibiram todos os sintomas de síndrome de abstinência, incluindo agitação e nervosismo, quando ele era retirado", explica Bartley Hoebel, professor de Psicologia em Princeton. "Ao reintroduzir o açúcar em sua dieta, os animais exageraram no consumo, sintoma clássico do abuso de drogas."

Mudanças no cérebro dos animais também são similares às mudanças observadas no caso da dependência de morfina e heroína. O gosto doce do açúcar na língua libera endorfinas, neurotransmissores que atuam de modo análogo à morfina, causando a sensação de prazer. Por sua vez, a dopamina, outro neurotransmissor, registra a experiência em nossa memória; assim, somos programadas a procurar esse gosto prazeroso novamente. Tornamo-nos dependentes de uma satisfação interior, que nos faz sentir bem sempre que ingerimos açúcar. Essa reação do organismo é tão forte que só a visão do doce é capaz de liberar dopamina e induzir ao impulso de experimentar a mesma doce sensação.

O vício no açúcar não é tão intenso nem prejudicial quanto o vício nas drogas. Não se culpe. O desejo de comer um doce não é uma questão de força de vontade ou um sinal de que você é uma pessoa fraca. Talvez você realmente esteja dependente do açúcar!

Fazer dieta = engordar

Mulheres que fazem dieta se tornam especialmente propensas a comer em excesso quando estão mal-humoradas, estressadas ou no período pré-menstrual. Dietas rigorosas entorpecem a fome, de modo que as mulheres perdem a habilidade de discernir se estão com fome ou satisfeitas. Ao contrário, tendem a interpretar qualquer problema emocional, ou todas as sensações desagradáveis, como fome.

É uma confusão compreensível. Provavelmente nada mais na vida representa segurança e bem-estar como a comida. "Desde bebês, o calmante mais eficiente que experimentamos para abrandar a angústia é a comida. Por isso, faz sentido que continuemos a recorrer a esse símbolo de alívio depois de adultas. Devorar um doce é um pouco como retornar àquela casa, àquele lugar seguro da infância", diz Carol Munter, co-autora de *When Women Stop Hating Their Bodies* [Quando as Mulheres Deixam de Odiar Seu Corpo].

Desse modo, a comida funciona como um tranqüilizante nos momentos em que estamos ansiosas e também como um estimulante do humor quando estamos deprimidas. Ela nos completa quando estamos emocionalmente carentes, conforta na solidão e nos distrai quando nos sentimos entediadas. Infelizmente, porém, recorrer à comida em busca de uma coisa qualquer além do sustento físico é trocar um problema pelo outro.

Para qualquer mulher que tenha perdido a sensação de fome verdadeira, a solução é retomar o caminho em direção ao próprio corpo para reconhecer a fome e suas necessidades físicas, um processo longo mas que vale a pena.

VOCÊ COME DEMAIS?

Algumas vezes, as mulheres pensam que comem demais quando, na verdade, não comem o suficiente. Uma mulher moderadamente ativa, com 1,70 metro de altura e pesando entre 58 e 62 quilos, deve consumir em torno de 2.200 calorias por dia. Se você consome menos de 1.600 a 2.000 calorias diariamente (dependendo da sua altura, idade e nível de atividade), está comendo menos do que precisa. Porém, como avaliar se comemos demais ou de menos? Para saber o que é uma boa alimentação, consulte os quadros *O que é uma porção?* e *Quanto você deve comer?* em *Armadilha nº 3: Não ser honesta.*

Coma regularmente ao longo do dia, incluindo em cada refeição ou lanche pelo menos uma porção de grãos e uma ou duas frutas ou legumes. Você também deve incluir alimentos ricos em cálcio e ferro. De modo geral, divida seu prato em quatro partes, sendo três quartos com grãos e cereais, legumes, verduras e leguminosas e a última parte com carne e/ou laticínios.

Não caia na armadilha

Algumas mulheres sabem que comem por razões emocionais e estão prontas para se livrar desse hábito. Outras talvez nem sequer saibam que isso é um problema em sua vida; estão acostumadas a comer em resposta ao seu estado de espírito há tanto tempo que já não sabem reconhecer quando sentem fome de verdade.

É por isso que o diário alimentar entra em cena mais uma vez, como vimos em *Armadilha nº 1: Comer sem pensar*. Escreva um diário por uma semana, anotando tudo o que consome e as quantidades. Dessa vez, porém, acrescente uma terceira categoria: como você se sentiu antes e depois de comer? Antes de devorar uma refeição, pergunte-se como se sente. Você está relaxada, ansiosa, triste, solitária, estressada, feliz, animada, deprimida, entediada? Verifique também a intensidade de sua fome física usando uma escala de 1 a 5. Depois de comer, escreva novamente como se sente: satisfeita, cheia, relaxada, ansiosa, feliz, entediada e assim por diante. Ao final de uma semana, compare os sentimentos antes e depois de comer para saber se são as emoções ou a fome verdadeira que a estimulam a se alimentar. Use o *Diário da comida e do humor* (neste capítulo) como modelo para seus registros.

Aprenda a reconhecer a fome

Como é a sensação de fome? São contrações fortes ou suaves no estômago e, às vezes, uma leve vertigem quando a taxa de açúcar no sangue começa a cair. Lembre-se de que seu objetivo é se alimentar regularmente ao longo do dia e, em geral, somente quando está com fome de verdade.

A solução mais importante para o comer emocional é encontrar consolo em algo que não seja comida. Thomas Wadden, professor de Psicologia da Universidade da Pensilvânia, recomenda: "Converse sobre os sentimentos em vez de comê-los". John Foreyt acrescenta: "Qualquer mudança é estressante, mesmo aquelas que são para melhor. Dessa forma, antes de começar um novo programa alimentar, faça um balanço de seus sentimentos e fique atenta para qualquer causa potencial que possa levá-la ao estresse ou à ansiedade".

Aprenda a identificar seus sentimentos e preencher suas necessidades emocionais com outros meios que não sejam a comida, como exercitar-se todos os dias, descansar ao ar livre, cultivar amizades verdadeiras, meditar ou conversar com um amigo. Valéria, gerente de segurança de aeroporto, confirma: "Costumava comer quando tinha um dia ruim. Mas agora cuido do jardim, brinco com meus passarinhos, ligo para uma amiga ou faço ginástica. Depois desses verdadeiros caçadores de estresse, é difícil sentir qualquer coisa além de cansaço, relaxamento ou simples alegria". Ela ainda conta que, quando está estressada, acende algumas velas, serve-se de uma taça de vinho, pega uma revista de fofocas e se prepara para um bom banho de espuma.

- **Ouça seu corpo.** Sintonize-se nos sinais naturais da sua fome procurando distinguir entre "fome da boca" (fome psicológica) e

DIÁRIO DA COMIDA E DO HUMOR

Por uma semana, anote tudo o que comer e as quantidades, assim como as emoções que sentir antes e depois de comer. Antes de cada refeição ou lanche, classifique o nível de sua fome fisiológica de 1 a 5 (sendo 1 = sem nenhuma fome e 5 = desesperadamente faminta). Analise seus registros para saber se você come quando tem fome verdadeira ou como reação às emoções. Procure verificar também se há algum padrão no seu comportamento, como os tipos de alimento que come de acordo com as diferentes emoções. Faça cópias deste formulário ou o use como modelo para manter seu próprio diário.

"fome do estômago" (fome fisiológica, cujos sintomas incluem uma sensação de vazio e roncos no estômago).

- **Coma com consciência.** Concentre-se na comida e sinta o prazer de cada garfada. No meio da refeição, pare, recoste-se na cadeira e preste atenção ao seu corpo. Se ainda sentir fome fisiológica, coma mais um pouco, pare e ouça seu corpo mais uma vez. Pare quando se sentir saciada.
- **Coma menos.** Faça refeições leves e pequenos lanches a cada quatro horas ou sempre que sentir fome fisiológica. Prefira alimentos frescos, como minicenouras, morangos, iogurte, uma fatia de pão integral ou um punhado de nozes.
- **Seja paciente consigo mesma.** Até que você tenha reprogramado suas atitudes, sempre existirá a possibilidade de comer em excesso quando se sentir deprimida. Seu objetivo é gradualmente se aproximar da fome verdadeira e se afastar da fome emocional.

Data: ________

Hora do Dia	Alimento Escolhido	Quantidade	Fome (1-5)	Pensamentos/Sentimentos Antes	Depois

- **Concentre-se em sua saúde, não em seu peso.** "As mulheres que fizeram dieta a vida toda têm medo de abandonar essa mentalidade e comer com liberdade, pois temem engordar muitos quilos", diz Carol Munter. Na verdade, seu peso se estabilizará quando você "liberar a comida" e, mesmo se engordar um pouco no início, ao longo do tempo irá retornar ao seu peso normal e saudável. O mais importante é que, quando as mulheres se libertam da pressão e da obsessão permanente de uma dieta, podem dizer: "Que alívio poder finalmente ser eu mesma!".

Alimente o bom humor

Para lidar com todos esses apetites fora de hora e todos esses humores difíceis é preciso focar em alimentos não industrializados e em sua saúde. "O ponto crítico é a gordura, o açúcar e o sal em excesso que consumimos quando nos sentimos deprimidos; nunca ouvimos alguém dizer: 'Simplesmente não consigo parar de comer cenoura'", diz Adam Drewnowski, da Universidade de Washington.

Recentemente, os carboidratos têm sido responsabilizados pela obesidade e por doenças do coração. Entretanto, os carboidratos são capazes de melhorar nosso humor e nos libertar da depressão. O problema é que temos consumido quantidades elevadas da substância, presentes em alimentos inadequados, como massas, bolos e outros grãos refinados, ricos em açúcar e gordura.

Consumir quantidades excessivas de grãos refinados e alimentos que contêm açúcar acrescenta vários centímetros à sua cintura. Mas substituir pelo menos metade dos grãos refinados da sua dieta por grãos integrais ricos em fibras ajuda a elevar os seus níveis de serotonina e a melhorar o seu humor, além de mantê-la em boa forma.

De acordo com pesquisadores da Universidade Tufts, as pessoas que preferem alimentos ricos em fibras, como grãos e cereais integrais, sentem-se satisfeitas e com menos fome do que aquelas que comem grãos processados. Incluir apenas 14 gramas de fibras provenientes de grãos integrais em sua dieta reduz a ingestão de calorias em cerca de 10%. Essa quantidade é equivalente a uma tigela de cereais integrais no café-da-manhã, uma porção de arroz integral no almoço e um sanduíche de peito de peru com pão integral no jantar.

Combine carboidratos de qualidade com proteínas em cada refeição para dar energia ao seu corpo e à sua mente, melhorar o seu humor e, ao mesmo tempo, para controlar o aumento do açúcar no sangue. Para isso, basta preparar aveia (grão) com leite desnatado (proteína) e uma fruta para o café-da-manhã, peito de peru (proteína) em pão integral (grão) com uma salada para o almoço e salmão grelhado (proteína) com arroz integral (grão) e legumes para o jantar. O meio da tarde pode ser uma hora crítica para as compulsões alimentares; por isso, prepare um lanche nutritivo à base de carboidratos, como uma tigela de pipoca natural, uma fatia de pão integral com geléia ou um prato de cereal com mel e frutas. Além disso, siga esses pequenos passos:

- **Vá devagar.** Qualquer mudança muito rápida nos hábitos alimentares pode descontrolar os mecanismos cerebrais do apetite. Uma mudança gradual é mais eficaz: você trabalha com a química do seu cérebro, e não contra ela.
- **Não ignore seus neurotransmissores.** Pular o café-da-manhã eleva os níveis de NPY, contribuindo para que você coma em excesso ao longo do dia. Deixar intervalos maiores que quatro ou cinco horas entre as refeições libera fragmentos de gordura no organismo, o que irá aumentar enormemente o apetite. "Se alguém diz que luta contra a compulsão por comida durante a tarde, minha primeira pergunta é: 'Você tomou café-da-manhã?'. Muitas vezes, a resposta é não", conta Wayne C. Callaway, da Universidade George Washington.
- **Prefira alimentos que satisfaçam.** Enriqueça seu prato com legumes e verduras, frutas, grãos integrais e leguminosas para saciar as necessidades do organismo. Inclua uma pequena porção

de proteína em cada refeição e lanche, pois tanto a proteína quanto o carboidrato aumentam a sensação de saciedade; assim, você come menos e se sente satisfeita por mais tempo.

PETISCOS SAUDÁVEIS PARA MELHORAR SEU HUMOR

Aqui você encontra 20 sugestões de lanches fáceis e rápidos de preparar e que, além disso, acalmam os nervos e melhoram seu humor ao mesmo tempo que alimentam seu corpo. A maioria pode ser levada na bolsa; lembre-se de ter alguns com você ao sair de casa! Como sempre, observe o tamanho das porções: mesmo quando um lanche é saudável, comer demais acrescenta calorias à sua dieta e centímetros à sua cintura.

1. Um pote de iogurte natural desnatado misturado com 1 colher de sopa de amêndoas picadas e passas. Sirva com uma banana pequena e água mineral.
2. Uma barra de cereais *light* e uma xícara de leite desnatado.
3. Uma fatia de melão coberta com um pote de iogurte de frutas *light* (opcional: 1 colherinha de raspas de limão).
4. Meia xícara de sorvete de frutas *light*, meia xícara de morangos e água mineral.
5. $^2/_3$ xícara de uvas, três *cream-crackers* e uma xícara de leite de soja *light*.
6. Um pote de iogurte de frutas *light*, 1 colher de sopa de granola, uma banana e água mineral.
7. Duas fatias de presunto magro cortadas em tiras e dispostas sobre seis biscoitos de trigo integral *light*. Sirva com uma maçã e água mineral.
8. Uma xícara de leite desnatado, servida com uma banana e 30 gramas de amendoim.
9. Uma fatia de pão integral coberta com queijo cremoso *light* e três tâmaras ou damascos. Sirva com um copo de leite desnatado ou de leite de soja *light*.

- **Concentre-se no sabor**. Adicione pimentão vermelho ao sanduíche de peito de frango, ervas frescas à omelete, cravo às peras, e você irá satisfazer seus sentidos sem comer demais.

10. Uma maçã grande cortada em quatro e coberta com 1 colher de chá de calda de caramelo. Sirva com meia xícara de queijo *cottage light*.
11. Dez tomates-cereja cortados ao meio e cobertos com salada de atum. Acompanha água com gás.
12. Meia xícara de café de milho para pipoca (estourar e polvilhar com orégano em vez de sal) acompanhada de chá gelado e duas fatias de melancia.
13. Meia lata de atum em água, 1 colher de chá de maionese *light* e duas rodelas de pepino sobre uma fatia de pão integral.
14. Um ovo cozido, um pão árabe pequeno, 1 colher de chá de margarina *light* e uma fruta pequena.
15. Uma fatia de pão integral *light* com uma camada fina de geléia de frutas sem açúcar e um copo de leite desnatado.
16. Meia xícara de aveia cozida com duas colheres de sopa de passas e um copo de leite desnatado.
17. Uma fatia de pão integral coberta com queijo cremoso *light*, uma folha de alface romana e uma rodela de tomate.
18. Faça charutinhos de folhas de alface romana ou escarola e recheie com restos de frango cozido, peixe grelhado ou feijão sem caldo.
19. Uma banana, um punhado de morangos e um copo de leite de soja ou iogurte desnatado, tudo batido no liquidificador.
20. Uma batata-doce pequena cozida, regada com fios de calda de caramelo e nozes.

- **Diminua a gordura.** A gordura tem um baixo coeficiente de saciedade; por isso, comemos mais para nos sentir satisfeitas, resultando em grande consumo de calorias. As refeições ricas em gordura também aumentam o tamanho e o número de células de gordura em nosso organismo, o que dificulta o emagrecimento ao longo do tempo.

CARBOIDRATOS DE QUALIDADE

Os carboidratos de qualidade vêm de frutas, legumes, leguminosas (feijão, lentilha, ervilha seca, grão-de-bico, soja etc.) e grãos integrais. Eles "acalmam" a química cerebral e nutrem seu organismo, são ótimos para a saúde e favorecem a longevidade.

Variedades de grãos e cereais	Como usar
Trigo	
Farinha de trigo integral	Como farinha comum
Trigo burgol (trigo descascado e seco)	Na preparação de quibes e como cereal no café-da-manhã
Farelo de trigo	Em cozidos e sopas e como cereal
Germe de trigo	Em cozidos, sopas, massas, pães, almôndegas e como cereal
Cevada	
Perolada	Em sopas, risotos, saladas
Arroz integral	
Grão integral	Como arroz comum
Farinha de arroz integral	Em cozidos, sopas, macarrão
Trigo sarraceno	
Farinha	Em panquecas, saladas

- **Tome suplementos vitamínicos e minerais para suprir as carências dessas substâncias sempre que você não comer bem.** Vitaminas e minerais, como B12, B6, ácido fólico e ferro, ajudam o organismo a produzir neurotransmissores, transportar oxigênio para o cérebro e manter os nervos saudáveis, o que influencia positivamente seu humor e os níveis de energia.

Grãos torrados (kasha)	No lugar do arroz, quando seu gosto de terra não se sobrepor a outros ingredientes
Aveia	
Farinha e flocos	Como cereal, cereal cozido, com frutas, iogurtes e em sopas e assados.
Quinoa	
Grãos, farinha ou flocos	Como acompanhamento e em sopas, iogurtes e saladas de frutas
Amaranto	
Sementes douradas, rosadas, de sabor picante, também disponível em farinha	Em sopas, tortas, molhos, mingaus, biscoitos, saladas
Arroz selvagem	
Sabor acentuado, textura firme	Como acompanhamento, em saladas
Espelta	
Espécie inferior de trigo com pouco glúten	Use como trigo comum; é indicado para pessoas com intolerância ao glúten
Arroz Wehani	
Grão aromático de cor castanha; robusto, textura firme	Use como arroz

- **Beba água.** Para as mulheres, o consumo recomendado é de onze copos por dia. Os alimentos fornecem cerca de 20% dessa quantidade, por isso beba pelo menos oito copos de líquidos todos os dias, incluindo água, chá, café, sucos e outras bebidas.

Se você sofre de depressão, procure eliminar o açúcar da sua dieta. Para todas as outras mulheres, reduzir o consumo da substância também é uma boa idéia. Os especialistas recomendam que limitemos a ingestão de açúcares adicionados a doze colheres de chá por dia. Para tanto, leia os rótulos das embalagens e reduza o consumo de alimentos que contêm açúcar ou seus semelhantes (como xarope com alto teor de frutose, glicose, sacarose ou mel). Limite os refrigerantes a um por se-

AS SEIS REGRAS DA ALIMENTAÇÃO PARA CONTROLAR O SEU HUMOR

Regra 1: Certifique-se de que toda refeição contenha alimentos ricos em carboidratos complexos. Além disso, faça um lanche rico em carboidratos, incluindo biscoitos de trigo integral, pão com queijo branco e molhos com baixos teores de gordura.

Regra 2: Reduza o consumo de alimentos que contenham açúcar. Controle a compulsão por doces substituindo as guloseimas refinadas por alimentos nutritivos, como frutas frescas, legumes crocantes, pão integral e iogurte *light*.

Regra 3: Diminua a ingestão de cafeína proveniente de café, chá, chocolate, cacau e refrigerantes. Em seu lugar, beba mais água.

Regra 4: Aumente a ingestão diária de vitamina B6 – um nutriente que ajuda a elevar os níveis de serotonina – incluindo várias porções de frango,

mana e o consumo de sua guloseima preferida a uma porção de vez em quando. Lembre-se de que a moderação é o segredo de uma dieta saudável. Por fim, coma a sua guloseima após a refeição, para evitar a elevação abrupta da taxa de açúcar no sangue, que ocorre quando consumimos somente o doce.

Controle o café. Se você está abatida mas não necessariamente deprimida, não é preciso abolir a bebida. Uma xícara ou duas por dia é uma dose segura (a não ser que você tenha hipersensibilidade à cafeína; nesse caso, evite a substância por duas semanas e observe se há melhora em seu sono, humor e energia). Entretanto, se você toma café, chá ou refrigerante o dia inteiro, talvez seja melhor regular o consumo. Uma opção é o café descafeinado, além da redução gradual do número de xícaras que

leguminosas, peixe, banana, abacate e folhas verde-escuras. Prefira grãos integrais aos refinados, pois mais de 70% de suas vitaminas são perdidas durante o processamento. Além disso, inclua pelo menos dois alimentos ricos em ácido fólico, como espinafre, brócolis, suco de laranja e acelga.

Regra 5: Faça mudanças graduais. Comece com duas ou três pequenas mudanças e as pratique até incorporá-las em suas atitudes. Depois, escolha mais duas. Esse método assegura êxito duradouro e permite que seu cérebro se ajuste a seus novos hábitos.

Regra 6: Tome uma dose moderada de suplementos de vitaminas e minerais para preencher carências nutricionais.

você consome. Restrinja a ingestão de cafeína à manhã e ao início da tarde, pois essa substância pode permanecer no organismo por várias horas e interferir na qualidade do seu sono.

Você está à procura de um substituto para o café que também aumente sua energia? Tente comer regularmente, dividindo as suas refeições ao longo do dia. "Desse modo, você aumentará sua acuidade mental e seu desempenho no trabalho", afirma Susan Moores, porta-voz da Associação Dietética Americana.

Seu humor é mais que alimentação

Eliminar o hábito de comer para acalmar as emoções é apenas uma das estratégias para escapar das armadilhas do humor. Exercícios regulares, apoio da família e dos amigos, capacidade de enfrentar problemas, redução do consumo de álcool, cigarros e remédios também devem ser considerados ao lidar com as emoções. A depressão pode ser sintoma de outros problemas. Assim, procure um médico caso os problemas emocionais persistam ou interfiram na sua qualidade de vida. Enquanto isso, lembre-se de que tudo o que você escolher para acalmar a sua fome também irá alimentar o seu humor.

ARMADILHA Nº 8

Preciso de uma solução rápida agora!

Se eu não tivesse ouvido a afirmação em um dos mais importantes programas da televisão americana, eu a teria ignorado por completo. Porém, ali estava ele: mais um guru das dietas da moda vendendo o velho mito de que a combinação errada de alimentos – nesse caso, gordura e açúcar na mesma refeição – leva à diminuição do metabolismo e, por fim, ao aumento de peso. Bastaria evitar esse tipo de combinação para que o excesso de peso simplesmente desaparecesse, sem esforço, sem mudanças nos hábitos alimentares, sem exercícios, sem fome, sem nenhum problema. E assim chegamos à *Armadilha nº 8*.

Crenças populares sobre dietas vêm e vão, mas a história é sempre a mesma: só mudam os personagens. Kelly Brownell, professora de Psicologia da Universidade de Yale e pioneira na pesquisa sobre obesidade e controle de peso, adverte: "Como a área não é regulamentada, as pessoas fazem afirmações absurdas. Podem dizer – e vender – tudo o que quiserem, mesmo sem fundamento".

Todas nós já acreditamos em cremes antigordura, bebidas dietéticas à base de proteínas, dieta do vinagre de maçã e das algas, bloqueadores de amido, aromaterapia, acupressão, ervas que dissolvem a celulite, pílulas que metabolizam a gordura, dieta do chá verde e da sopa de repolho. Mas, depois de tudo isso, não deveríamos estar mais céticas hoje em relação a essas promessas? Pois não estamos, de acordo com Kelly: "Quando as pessoas procuram uma solução para emagrecer nesse horizonte de ofertas, é fácil perder o rumo e a oportunidade verdadeira de uma reeducação do estilo de vida". Bem-vinda a uma das mais poderosas armadilhas que arruínam a dieta de uma mulher: cair no conto-do-vigário da última moda.

Somos obcecadas pelo desejo de ser magras. Mais de quatro em cada dez mulheres americanas estão de dieta neste exato momento, cortando carboidratos, tomando medicamentos e suplementos, integrando grupos de auto-ajuda alimentar, engolindo *shakes* dietéticos e gastando quase 50 bilhões de dólares anualmente em dietas e tratamentos. A maioria ouviu todas as advertências de que fórmulas mágicas não funcionam. Mesmo assim, inocentemente, elas caem num truque atrás do outro.

Dietas realmente não funcionam. Você vai perder uns poucos quilos no começo de um regime de baixos carboidratos, de uma dieta da sopa ou da combinação de alimentos. Vai emagrecer comendo de acordo com seu tipo sanguíneo, tipo físico, tipo de personalidade ou de metabolismo. Poderá também perder um quilo ou dois tomando a pílula mágica do momento, que hoje são as cápsulas de propolene, de colágeno bovino e de chá verde. Isso acontece porque você corta calorias.

COMO IDENTIFICAR UM TRUQUE

Aqui estão dez dicas para reconhecer uma dieta da moda:

1. Os métodos prometem uma solução rápida e fácil.
2. Os anúncios parecem bons demais para ser verdade. Afirmam, por exemplo, que você emagrecerá mais que um quilo por semana, que perder peso não exige esforço ou que você pode comer o que quiser.
3. Há restrição ou eliminação de alimentos saudáveis, recomendações para comer certas combinações alimentares ou grandes quantidades dos mesmos alimentos e planos alimentares rígidos.
4. As orientações são baseadas em um único estudo ou em conclusões simplificadas de um estudo mais complexo.

Contudo, poucas – ou mesmo nenhuma – dessas dietas suicidas ensinam a comer corretamente e nenhuma delas nos ajuda a manter o peso que perdemos. Ao contrário, eliminamos alimentos, restringimos calorias, pulamos refeições e, principalmente, abusamos de nosso corpo num esforço desesperado de vestir um número menor. A maioria desses regimes consome nosso tempo e bom humor e nos deixa insatisfeitas. Tão logo a novidade se mostra crescentemente ineficaz, perdemos a motivação para mantê-la. Assim, quase 80% das mulheres voltam a engordar os quilos que perderam e até mais, além de descobrirem que sacrificaram sua saúde e nada aprenderam sobre como manter a forma.

Por outro lado, uma em cada cinco mulheres emagrece *de verdade* e mantém o novo peso; essas tomaram uma decisão, dedicaram-se e foram determinadas. Independentemente de seu histórico alimentar, algo em seu íntimo as motivou a fazer dessa a última – e bem-sucedida – dieta de sua vida. Abandonaram a idéia de ter uma solução rápida e desenvolveram planos alimentares para mudar seus hábitos.

5. Afirmações espantosas são refutadas por instituições ou estudos científicos sérios.
6. Há listas de alimentos "bons" e "ruins" ou divulgação de alimentos, ervas ou nutrientes miraculosos.
7. Os métodos são criados para ajudar a vender um produto.
8. Os métodos são baseados em estudos publicados sem a avaliação de cientistas ou baseados em testemunhos, histórias e casos.
9. Ignoram as diferenças entre o biótipo dos indivíduos.
10. Afirmam que é possível emagrecer e manter o peso com pouco ou nenhum exercício, ou sem mudanças no estilo de vida.

Fazer regime pode funcionar mesmo quando as dietas da moda fracassam. Vamos saber por que essas soluções mágicas não dão certo e, depois, aprender o que fazer para nos livrar do hábito da dieta da moda, emagrecer de verdade e, mais importante, manter o peso conquistado!

Por que essas dietas não funcionam

A maioria das dietas da moda funciona bem por certo tempo. O problema está nos seus resultados de longo prazo, em que se observa um fracasso estrondoso. As dietas da moda podem fazer você entrar naquele vestido justo a tempo de uma festa ou do casamento da sua irmã, mas raramente a deixarão em forma para o resto da vida.

Uma das razões para essa alta taxa de fracasso é que as dietas da moda são baseadas na privação. Tire a liberdade de escolha de uma mulher e ela começará a sentir desejos por tudo o que não pode ter ou comer. "Quanto mais alimentos forem proibidos, quanto mais nos preocuparmos com o que comemos, quanto mais contarmos calorias e lamentarmos nossa falta de força de vontade, mais comeremos", avisa Carol Munter, co-autora de *Adeus às Dietas* (Saraiva, 1991). "O resultado de fazer um regime assim é comer compulsivamente." Uma pesquisa da Universidade de Toronto confirma essa tese ao revelar que mulheres que seguem dietas tornam-se obsessivas com a comida. Só falam de receitas e restaurantes, que maçante! Essa idéia fixa acaba levando à compulsão. A melhor coisa que pode acontecer nessa situação é você comer demais de vez em quando. A pior é desenvolver graves transtornos alimentares, como fome devoradora ou bulimia.

A relação entre dieta e obsessão alimentar não é nova. O problema é que hoje as pessoas que se submetem a regimes alimentares estão sujeitas a uma grande pressão por estarem constantemente expostas à comida, seja na mídia, no trabalho, em casa ou com os amigos. Não surpreende o fato de desenvolverem o hábito de comer mais que seus amigos que não seguem nenhuma dieta.

Como discutimos no capítulo anterior, seguidoras obsessivas de dietas perdem a capacidade de reconhecer os sinais de fome verdadeira de seu organismo e passam a regular seus hábitos alimentares baseadas nas regras de determinada dieta. Sem esses preciosos sinais do corpo, sua mente assume o controle e produz todo tipo de desculpas para justificar seus impulsos de comer: "Fiz ginástica hoje, por isso posso experimentar um pedaço de bolo", "Tomei um iogurte *light* no almoço, assim posso comer duas fatias de torta à noite", "Se eu pular o almoço, posso comer o dobro no jantar", e assim por diante. Essas pessoas também confundem problemas emocionais com fome física e, portanto, são mais propensas a comer impulsionadas pelas emoções e a comer sem pensar.

À medida que a dieta prossegue, o organismo perde o controle sobre o mecanismo de comer. Assim, na primeira vez que uma mulher se sente irritada ou cansada e depara com uma caixa de bombons, ela joga a toalha.

Em outro estudo da Universidade de Toronto, mulheres em regime e outras que não seguiam dieta tomaram *milk-shake* e, em seguida, foram solicitadas a experimentar três amostras de sorvete. As mulheres sem dieta consumiram um pouquinho de cada amostra, mas as que estavam de dieta, tendo baixado a guarda com o *milk-shake*, devoraram a guloseima. Outros estudos mostram que as mulheres comem mais só de antever que começarão uma nova dieta!

Esse vaivém entre abstinência e gula, em geral, é o que as leva a mudar de uma dieta da moda para a seguinte. Uma delas comenta: "Segui uma dieta e perdi quase 30 quilos, mas a abstinência me cansou. Como demais pela manhã e, assim que retomei esse costume, todos os meus velhos hábitos voltaram e engordei o dobro do que tinha emagrecido. Depois, descobri um método alimentar em que não tinha de me privar de nada, apenas me manter no limite das calorias e porções; assim, finalmente emagreci do modo certo".

Outro problema é que as dietas da moda não ensinam hábitos alimentares adequados. Dessa forma, você recupera todo o peso quando "sai da dieta" e volta a seu velho estilo de vida. Pior ainda: não existe dieta de emagrecimento rápido que forneça quantidades adequadas dos nutrientes de que seu corpo precisa para ser saudável. Sejam as dietas de Beverly Hills, da Califórnia, dos carboidratos, do coco, da deusa, do *grapefruit*, sejam as dietas do Dr. Atkins, de Stillman, de Scarsdale, de Rosedale, de Schwarzbein. Todas essas dietas da moda foram analisadas e mostraram ser negligentes em relação a importantes nutrientes para o organismo. Algumas são prejudiciais à saúde por ser ricas em gordura saturada e colesterol, outras eliminam alimentos, como melancia e cenoura, conhecidos por ajudar a reduzir o risco de doenças.

Mitos desbancados

Muitas mulheres pagariam qualquer preço por uma fórmula mágica que as livrasse do excesso de peso para sempre. Na corrida insana pelo último segredo que irá nos salvar, cegamente nos lançamos na combinação de alimentos, na festa dos carboidratos ou em soluções absurdas enquanto nos esquecemos dos melhores hábitos, aqueles em que as pessoas que conseguiram seus objetivos confiam, que provaram seu valor ao longo de décadas. "O testado e comprovado segredo para emagrecer é simples: cortar calorias, aumentar a atividade física, ou ambos", diz Kelly Brownell.

Vamos discutir alguns detalhes sobre as mais populares e superestimadas tendências de dietas do momento. E, mais importante, vamos aprender como usar alguns dos melhores, embora subestimados, hábitos alimentares para maximizar o sucesso do seu emagrecimento.

Combinação de alimentos

Apesar das afirmações feitas por um célebre guru da dieta, não há provas de que engordamos por combinar os alimentos de maneira errada, como misturar açúcar com gordura na mesma refeição, afirma John Foreyt, da Faculdade de Medicina de Baylor. Ao longo de centenas de milhares de anos, nosso organismo foi desenvolvido para digerir uma vasta variedade de alimentos e suas combinações. Crenças de que proteínas com carboidratos ou gordura com carboidratos não se misturam vão contra o bom senso e todo o conhecimento que temos sobre digestão. Além disso, quase todos os alimentos (exceto açúcar, óleos e a maioria das frutas) já são uma combinação de carboidratos, proteínas e gordura. (Uma fatia de qualquer tipo de pão contém 3 gramas de proteína, 16 gramas de carboidratos e 1,5 grama de gordura; um prato de feijão-preto é uma associação benéfica de 15 gramas de proteína, 41 gramas de carboidratos e 1 grama de gordura; até mesmo os brócolis contêm um pouco dos três nutrientes.) "Essa dieta é uma fraude completa", conclui Foreyt.

Por outro lado, uma mistura balanceada de carboidratos de alta qualidade (grãos integrais e amido) e proteínas com uma pequena quantidade de gordura é ótima para perder peso. Proteínas e carboidratos saciam mais que a gordura; assim, você se sente satisfeita com menos calorias e tende a comer menos. Além disso, carboidratos e proteínas têm metade das calorias da gordura. Carboidratos fornecem energia para o funcionamento do corpo, ao passo que proteínas ajudam a manter a taxa de açúcar no sangue constante. Para uma alimentação equilibrada e saborosa, seu prato deve conter legumes, verduras, frutas, grãos integrais e carnes magras ricas em proteínas, ou soja, além de pequenas quantidades de gordura provenientes de óleo, abacate, nozes ou sementes.

Nada de gordura

Gordura engorda. Um estudo da Universidade Vanderbilt descobriu que, se você comer alimentos gordurosos em demasia, seu organismo armazena até 95% do excesso como gordura corporal enquanto o excesso de carboidratos gera 85% de gordura. "A gordura dos alimentos é mais facilmente estocada como gordura corporal porque pode ser armazenada tal como é, ao passo que o organismo gasta mais energia para converter carboidratos e proteínas em gordura. O gasto maior de energia nesse processo resulta em pequena perda de calorias", explica o professor de Medicina Robert H. Eckel, da Universidade do Colorado.

Excesso é a palavra-chave aqui. Não há evidências de que a gordura presente nos alimentos seja armazenada em quantidades maiores que carboidratos ou proteínas se você mantiver o equilíbrio entre as calorias ingeridas e as gastas em atividades físicas. Comer em excesso é o que gera nossos problemas de peso, e é muito mais fácil consumir gordura em excesso, pois ela é uma fonte concentrada de calorias. Muitas pesquisas comprovam que dietas ricas em gordura têm maior probabilidade de resultar em excesso de peso por ser hipercalóricas. Por outro lado, alimentos ricos em fibras e água satisfazem a fome com menos calorias e são ótimos redutores de cintura.

Dietas pobres em gordura realmente reduzem calorias e emagrecem, mas são difíceis de manter. Uma dieta para emagrecer com teores moderados de gordura (30%) é mais fácil de seguir, e seus resultados são mais duradouros. Vários estudos revelaram que consumir um punhado de nozes ou castanhas algumas vezes durante a semana ajuda no processo de emagrecimento.

O segredo é ingerir o tipo certo de gordura. Gorduras saturadas nada saudáveis, como as provenientes do queijo, junto com as gorduras trans, presentes em certas margarinas e salgadinhos, são em geral encontradas em alimentos nada nutritivos, sem contar que elevam o risco de doenças do coração.

O melhor é consumir pequenas quantidades de gorduras saudáveis existentes na soja, nas castanhas e sementes, no azeite e no óleo de canola e ainda em peixes e no abacate, alimentos também ricos em vitaminas, minerais, fibras e fitoquímicos, que ajudam a perder peso e diminuem o risco de doenças. Salmão e carnes vermelhas, por exemplo, fornecem proteínas de alta qualidade, mas o salmão é pobre em gordura saturada e fonte de ômega-3, que é benéfica para o coração, além de auxiliar na prevenção de osteoporose, perda de memória, depressão e artrite.

Incluindo um pouco de gordura boa em sua dieta você terá mais prazer em seu processo de reeducação alimentar e se beneficiará do aumento de nutrientes.

A febre dos baixos carboidratos

Apesar do rumor de que os carboidratos contribuem para o aumento de peso, a verdade é que eles não são o problema. Pesquisadores da Escola de Medicina da Universidade de Stanford revisaram toda a bibliografia publicada a respeito da segurança e da eficácia das dietas com baixo teor de carboidratos e concluíram que não existe nada de extraordinário nelas. "Esse tipo de dieta funciona a curto prazo e especialmente para pessoas muito acima do peso, mas elas emagrecem porque reduzem as calorias, e não por causa de uma diminuição específica de carboidratos", explica Dena M. Bravata, coordenadora do estudo.

George Bray, da Universidade do Estado de Louisiana, enfatiza: "Emagrecer não é uma questão de apenas reduzir carboidratos, e também não se trata de apenas cortar gorduras. É a redução das calorias que resulta da limitação dessas substâncias que levará ao emagrecimento e à conservação do novo peso".

Além do mais, o peso que você perde com essa dieta não é o tipo certo de peso a perder. Quando você elimina os carboidratos de sua alimentação, o corpo drena suas reservas de glicose armazenadas como glicogênio nos músculos. Para cada grama de glicogênio consumido, o organismo perde 4 gramas de água. Portanto, o peso perdido nas primeiras duas semanas de uma dieta de baixos carboidratos é mais água que gordura. Na primeira vez que você belisca um salgadinho ou um biscoito, porém, seu organismo repõe o estoque de glicogênio e o peso da água retorna.

Mais uma vez, o problema é que comemos quantidades recordes de alimentos errados, como grãos refinados ricos em açúcar, farinhas brancas e gorduras. Para manter a forma, lembre-se de substituir pelo menos metade dos grãos refinados de sua dieta por cereais integrais ricos em fibras.

Altos teores de proteína

As proteínas ajudam mesmo a emagrecer, mas os benefícios são mínimos. Uma revisão da literatura especializada feita por Susan Roberts, professora de Nutrição da Universidade Tufts, mostrou que os efeitos do aumento metabólico causado pela proteína não resultaram em perda significativa de peso. Ela também descobriu que dietas com alto teor protéico saciam mais, por isso as pessoas comem menos e emagrecem. Entretanto, "o problema é que não existem estudos de longa duração sobre os efeitos desse tipo de dieta na saúde, além do que já sabemos, ou seja, que consumir o dobro ou o triplo da quantidade recomendada de proteína contribui para a perda de cálcio, podendo levar ao enfraquecimento dos ossos e à osteoporose", explica Susan.

Emagrecimento rápido

Se você perder mais de um quilo por semana, provavelmente perderá mais músculos e água que gordura. "Para perder meio quilo, é preciso cortar 3.500 calorias. Assim, de modo bem realista, é impossível perder mais que um quilo de gordura em uma semana, porque não se pode cortar mais que 1.000 calorias por dia na maioria das dietas", explica Foreyt. O restante do peso perdido é água ou, como nos casos de restrição calórica severa (caso das dietas para desintoxicação ou do jejum), massa muscular. Além disso, o emagrecimento rápido não funciona em longo prazo. "Toda a bibliografia especializada mostra que as pessoas que emagrecem muito depressa voltam a engordar igualmente rápido", afirma Foreyt, acrescentando que, em geral, esse tipo de dieta provoca nas pessoas uma forte sensação de privação, o que pode levá-las a oscilar entre a abstinência e a gula descontrolada. "Ademais", esclarece Kelly Brownell, "mesmo uma dieta bem planejada não pode garantir uma nutrição adequada se o consumo cair para menos de 1.200 calorias por dia."

Você perderá mais gordura e menos água se definir objetivos razoáveis para seu emagrecimento e, em seguida, traçar um plano para perder de meio a um quilo por semana, fazendo pequenas mudanças nos tipos de alimento e no tamanho das porções.

Pular refeições

Pular refeições é um grande erro, sobretudo se considerarmos que comer regularmente é essencial no processo de emagrecimento. Alguns estudos mostram que as pessoas que distribuem seu consumo alimentar em pequenas refeições e lanches ao longo do dia têm mais facilidade para controlar o peso, às vezes porque ingerem menos calorias, outras vezes porque beliscar ajuda a regular o apetite. "Comer com freqüência ajuda a emagrecer, não apenas porque acelera o metabolismo, mas também porque ajuda a pessoa a lidar com os sinais da fome", diz John Foreyt. Entretanto, outros estudos mostram que pessoas obesas comem mais freqüentemente que as mais magras, o que leva a concluir que é preciso considerar não apenas quando, mas também o que e quanto você come. Por isso, é importante elaborar um plano alimentar adequado ao seu estilo de vida.

A dieta da salada

Como sabemos, os molhos e certos ingredientes da salada são a principal fonte de gordura na dieta das mulheres, o que comprova a confusão existente entre uma salada verdadeiramente saudável e um desastre alimentar. Muitas combinações de ingredientes gordurosos, como salada de macarrão ou de batata com maionese, *croutons*, queijo, *bacon* e presunto, são devoradas sob o rótulo de "acompanhamentos para salada".

Ninguém engorda comendo vegetais. Por isso a salada ainda é a melhor amiga das pessoas que seguem dietas, desde que seja preparada com ingredientes crus e frescos, e tenha temperos caseiros, como limão, vinagre, azeite, orégano e sal. "Legumes e verduras têm poucas calorias e são ricos em fibras que saciam mais; por isso, não é à toa que as pessoas que emagrecem e mantêm o peso baseiam sua dieta nesses tipos de alimento", explica Foreyt. Assim, lembre-se de incluir dois legumes ou frutas em cada refeição, uma salada verde todos os dias e pelo menos um vegetal em cada lanche.

Produtos dietéticos

Não há nada de errado em consumir uma barra ou uma bebida dietética de vez em quando. Mas se você depender diariamente de produtos dietéticos jamais aprenderá a se alimentar de maneira balanceada nem a controlar seu peso. E ainda correrá o risco de engordar de novo assim que retornar a seus hábitos alimentares normais. Alimentos industrializados como esses podem ter açúcar e gordura em excesso, poucas fibras e nenhum fitoquímico.

Refrigerantes *diet* são outra história. Em teoria, usar alimentos não calóricos deveria funcionar. Substituir um refrigerante por outro *diet* todos os dias traz uma redução de 160 calorias, o que deveria significar a perda de aproximadamente 8 quilos em um ano (160 calorias x 365 dias ÷ 7.000 calorias em um quilo). O consumo de adoçantes artificiais também é enorme, e as pessoas continuam a engordar. Ao mesmo tempo que não há evidências de que alimentos com baixos teores calóricos levem ao aumento de peso, tampouco há provas de que as pessoas que usam açúcares e gorduras artificiais, sem fazer mais nada, emagrecem.

Quando as pessoas consomem alimentos com baixos teores de gordura e açúcar, com poucas calorias ou nenhuma, elas compensam comendo mais. Em um estudo da Universidade do Estado da Pensilvânia, as mulheres que tomaram um iogurte *light* no lanche da manhã comeram mais na hora do almoço que as mulheres que tomaram um iogurte comum. Para que os alimentos não calóricos, ou com baixo teor de calorias, funcionem a seu favor, incorpore-os a uma dieta de vegetais, grãos integrais e exercícios físicos.

Efeito sanfona

O efeito sanfona, ou ioiô, é um ciclo vicioso que faz você ganhar e perder peso várias vezes por causa do entra-e-sai de dietas. Em primeiro lugar, de acordo com Susan Roberts, "não há evidências de que o ciclo do peso prejudique, a longo prazo, o funcionamento do metabolismo ou a distribuição de gordura corporal". O certo é que o metabolismo desacelera um pouco quando emagrecemos porque perdemos massa muscular. Por outro lado, alterações no metabolismo também ocorrem por causa do envelhecimento e não somente por regimes alimentares.

Dito isso, vamos esclarecer, porém, que as evidências sugerem que o efeito sanfona pode aumentar o risco de desenvolvermos outros problemas de saúde. Em um estudo, o efeito sanfona elevou a pressão sangüínea enquanto uma pesquisa da Universidade de Pittsburgh constatou uma redução do HDL, o colesterol bom, aumentando o risco de doenças do coração. Seja por seu metabolismo, seja por sua saúde, o melhor é seguir um programa alimentar saudável, com restrição de quantidades e calorias, de modo a permitir a redução de seus estoques de gordura gradativa e permanentemente.

Não caia na armadilha

Para emagrecer de maneira duradoura, é preciso fugir da armadilha da dieta da moda, é preciso uma transformação pessoal. As lições para isso estão neste livro. Até aqui, você já aprendeu:

- **Faça por você.** Para evitar a dieta da moda, o efeito sanfona e ter todo o seu peso de volta assim que pára a dieta, esteja pronta para emagrecer por você, por sua saúde, sua auto-estima e sua felicidade. Nada nem ninguém pode fazer isso por você. Pare de jogar a culpa nos outros e assuma a responsabilidade por sua forma física e sua saúde.
- **Prepare-se para "uma você" inteiramente nova.** Mudar qualquer hábito alimentar envolve muito esforço, mas também leva a novas experiências e sabores, e, possivelmente, a novos amigos e novas formas de lazer. Esteja preparada para fazer valer seu esforço e viver uma nova vida.
- **Aceite o fato de que não será fácil.** Você deve estar pronta para uma mudança permanente. Isso significa que nem tudo será

um mar de rosas. A maioria das pessoas enfrenta dificuldades no processo de emagrecimento. Por outro lado, manter o novo peso se torna mais fácil com o tempo.

- **Defina o sucesso.** Escreva um diário, defina objetivos realistas, monitore seu progresso e desenvolva soluções criativas para situações críticas. As pessoas que conseguem emagrecer e manter o peso em níveis adequados acompanham de perto o próprio comportamento.
- **Prática, prática, prática.** Qualquer novo hábito – seja um estilo alimentar, um exercício, um modo de pensar – parecerá estranho e difícil à primeira vista. É aí que entra a prática, dia após dia.
- **Separe as emoções da comida.** Coma apenas quando sentir fome fisiológica verdadeira. Acalme a ansiedade, o estresse, a solidão, a tristeza, a depressão e todas as outras emoções com um banho de espuma ou uma caminhada no parque, nunca com comida.

Emagrecimento gradual

Toda mulher sabe o que precisa fazer para reduzir seu peso: cortar calorias e se movimentar mais. Se você é uma mulher sedentária de estatura baixa, sua dieta não deve ter menos de 1.200 calorias por dia (se você é alta e ativa, acrescente 500 calorias). Muitas vezes, é preciso aumentar a atividade física em vez de cortar ainda mais calorias para continuar o processo de emagrecimento.

Uma dieta com menos de 1.200 calorias diárias pode aumentar o risco de cálculos biliares e problemas cardíacos, além de provocar fadiga, constipação, pele seca e até queda de cabelo. Dietas de calorias muito baixas são reservadas para obesos e devem ser acompanhadas por um médico. Elas dificilmente fornecem as quantidades adequadas de vitaminas, minerais, fibras, gorduras saudáveis e fitoquímicos, por isso é essencial ingerir um suplemento vitamínico e mineral para complementar as necessidades nutricionais do organismo.

Quantas calorias preciso cortar para emagrecer?

Primeiro, você deve saber quantas calorias consome atualmente para, em seguida, calcular quantas precisa cortar para perder peso. Por isso, naquele diário de que falamos na *Armadilha nº 1,* anote tudo o que comer, quanto (lembre-se de medir cuidadosamente as porções) e quando. Contabilize as calorias correspondentes ao seu consumo usando um guia de calorias (há alguns disponíveis em livros e também na internet). Do número total de calorias, deduza 500 calorias por dia para perder meio quilo por semana.

John Foreyt tem uma fórmula fácil. Ele recomenda o plano 100/100: "Para emagrecer 1 quilo por mês, corte 100 calorias de sua dieta diária e acrescente 100 calorias em atividade física. Isso é tão fácil quanto eliminar a camada de manteiga de uma torrada e caminhar vinte minutos todos os dias".

Comportamento e emagrecimento

Lena, assistente jurídica, costumava comer sempre que estava sozinha em casa, especialmente se estivesse entediada, cansada ou estacionada em frente à televisão. Nessas ocasiões, tomava muito sorvete, mas depois sempre se sentia culpada e desapontada consigo mesma.

Recorrer ao sorvete ou a salgadinhos não acontece por acaso. Existe sempre uma situação, um sentimento, um pensamento ou uma pessoa que nos estimula a comer. Essa "coisa" chama-se *antecedente*. A sua reação a um antecedente chama-se *comportamento*, e o resultado de seu comportamento é a *conseqüência*. Esses três estágios de um episódio alimentar compõem os hábitos.

Traçar seu comportamento é uma forma simples de compreender o que a leva a comer em excesso, escolher os alimentos errados e abandonar os exercícios. "O único modo de mudar um comportamento é tomar consciência do que você está fazendo", ensina Foreyt.

Por isso, ao escrever seu diário, anote o antecedente: situações, hora do dia, pensamentos ou sentimentos que provocam a sua gula. E preste atenção às conseqüências de suas atitudes. Como Lena, você se sente culpada ou zangada consigo mesma? A comida serviu para acalmá-la ou para aliviar um aborrecimento? Não ir à academia satisfez sua necessidade de relaxar, mas depois a deixou deprimida e desanimada? Com isso, você pode tomar um ou dois antecedentes que prejudicam a sua dieta e definir um novo comportamento para substituí-los que possa trazer resultados mais positivos. Por exemplo: Lena decidiu exercitar-se na bicicleta ergométrica enquanto assistia à televisão. As conseqüências desse

GUIA RÁPIDO DE CALORIAS

Considerando que você é honesta em relação ao tamanho de suas porções, não terá nenhum problema em estimar as calorias de alimentos como frutas, legumes, grãos integrais, leite desnatado e de soja, leguminosas, castanhas e carnes.

Categoria	Exemplos	Calorias (aprox.)
Legumes e verduras	4 xícaras de alface; 1/2 xícara de cenouras; 1/4 xícara de batatas; 1 xícara da maioria dos outros legumes	25
Frutas	1 fruta média; 1/2 xícara de fruta em calda; 180 mililitros de suco	75
Grãos integrais	1 fatia de pão; 1/2 xícara de macarrão, arroz ou aveia	100

novo hábito incluíram uma sessão diária de exercícios, um consumo menor de calorias (por deixar de comer demais em frente à TV) e uma sensação de bem-estar e alegria.

Alimentação com baixos teores de gorduras e calorias

Um novo estilo alimentar que tenha por objetivo a perda de peso segura e saudável deve cortar gordura e calorias. "É muito mais fácil restringir calorias quando você corta a gordura", diz Kelly Brownell. Gorduras têm mais que o dobro de calorias em comparação a carboidratos ou proteínas. Também são armazenadas em maior velocidade no tecido adiposo quando consumidas em excesso.

Leite e derivados	1 xícara de leite desnatado ou leite de soja *light*; 180 gramas de iogurte natural *light*; 30 gramas de queijo *light*	100
Alimentos protéicos	90 gramas de carne extramagra, peito de frango ou peixe; $^{3}/_{4}$ xícara de tofu; 2 ovos; 30 gramas de nozes; $^{2}/_{3}$ xícara de feijão e ervilha	150
Gordura	1 colher de chá de óleo de canola, azeite, manteiga ou margarina; 2 colheres de sopa de molho para salada *light*; 1 colher de sopa de maionese	45

Isso não quer dizer que você terá de viver sob privações. Uma refeição com pouca gordura pode ser mais saborosa que uma comida gordurosa, principalmente se você usar temperos, especiarias e ervas aromáticas. Estudos comprovam que as mulheres que se adaptaram a dietas com baixos teores de gordura perderam o desejo por alimentos mais oleosos.

Seguidoras de dietas bem-sucedidas limitam o consumo de calorias e reduzem a gordura em cerca de 24% do que consomem. No lugar das dietas da moda e dos baixos carboidratos, elas controlam as calorias e o tamanho das porções, comem grandes quantidades de vegetais e carboidratos de qualidade e restringem a gordura. Além disso, "se perguntar a elas o que mais mudou em sua dieta, elas responderão que hoje se alimentam com regularidade", diz Anne Fletcher. Oito entre dez mulheres felizes com o seu peso dizem tomar o café-da-manhã todos os dias.

QUAL É O MEU ÍNDICE DE MASSA CORPORAL?

O índice de massa corporal (IMC) não é perfeito, mas é uma boa medida para avaliar seu peso, pois também considera sua altura. Sua fórmula é: IMC = peso dividido pela altura ao quadrado. Calcule seu IMC seguindo este exemplo, de uma mulher com 1,67 metro de altura e peso de 61 quilos.

IMC = 61 ÷ $1{,}67^2$ (1,67 x 1,67)
IMC = 61 ÷ 2,7889
IMC = 21,87

Interpretação do IMC:
Inferior a 24,9 = peso normal
De 25 a 29,9 = acima do peso
Superior a 30 = obeso

O programa alimentar é simples: legumes, verduras, frutas, pães, cereais, leguminosas e macarrão são básicos, acompanhados de quantidades moderadas de carnes magras e de leite e seus derivados. Adapte essas diretrizes ao seu estilo de vida, focando nos vegetais e nos carboidratos de qualidade.

Concentre-se nos vegetais. Consumindo grandes quantidades de legumes, verduras e frutas você não deixa espaço para alimentos mais calóricos. Esses vegetais contêm muita água e fibras, que garantem mais saciedade por mais tempo. Pelo menos a metade de seu plano alimentar deve ser constituída desses alimentos. A outra metade deve ser de grãos, leite e seus derivados desnatados, carnes brancas e leguminosas.

Adote carboidratos de qualidade. Substitua carboidratos refinados por carboidratos provenientes de grãos integrais, leguminosas e vegetais ricos em amido, como a batata-doce. O índice glicêmico (nível de glicose no sangue) causado por esses alimentos é mais baixo, o que traz benefícios à saúde. Ao cozinhar o macarrão, deixe *al dente* (firme, mas macio), pois isso reduz o índice glicêmico da massa. Se preferir grãos refinados, limite as porções de arroz ou macarrão a meia xícara.

Com isso, estará automaticamente cortando calorias desnecessárias, pois, quanto mais processado for um alimento, mais rico será em calorias, gordura, açúcar e/ou sal, e mais pobre em fibras, vitaminas, minerais e fitoquímicos. Para obter o máximo rendimento nutricional de sua dieta, prefira batata-doce a batata frita, aveia a barra de cereais, brócolis cozidos no vapor a brócolis congelados ao molho de queijo, e morangos frescos a torta de morango.

Atividade física todos os dias

Todo programa alimentar que diz que você pode emagrecer sem suar é uma fraude. Uma pesquisa do *Consumer Reports*, a mais tradicional revista de proteção ao consumidor dos Estados Unidos, revelou que oito de cada dez pessoas que emagreceram com sucesso afirmaram que a ginástica é sua estratégia número 1 para manter o novo peso. A maioria prefere caminhadas, enquanto 29% fazem condicionamento físico. Todo estudo nesse campo tem encontrado os mesmos resultados. Você deve avaliar seu nível de atividade física e, então, comer de acordo com ele. "Pergunte a si mesma: 'Sou uma pessoa ativa? Quanto?'. Em seguida, ajuste suas calorias ao nível de seus exercícios, ou seja, à quantidade de energia gasta por seu organismo", recomenda Jim Hill, da Universidade do Colorado. Exercícios físicos não apenas queimam calorias como ajudam a regular o apetite. Quanto mais peso você tiver de perder, mais ativa deverá ser.

DIETA PARA UM EMAGRECIMENTO SAUDÁVEL

O objetivo de uma dieta para emagrecer é perder não mais que um quilo por semana e, ao mesmo tempo, cuidar da sua saúde. Para tanto, a dieta deve fornecer vitaminas, minerais, fibras e fitoquímicos, além de gorduras monoinsaturadas e proteínas.

Café-da-manhã

$^2/_3$ xícara de aveia cozida em 1 xícara de leite desnatado, com 1 colher de sopa de mel
Uma fatia de melão regada com suco de limão
Chá verde

Lanche da manhã

1 xícara de iogurte natural desnatado com $^1/_3$ xícara de uma fruta fresca
Água com gás e limão

Almoço

$1^1/_2$ xícara de sopa de lentilha com $^1/_2$ xícara de espinafre cozido
1 fatia de pão integral

Não é preciso passar o dia na academia nem correr maratonas. Comece devagar. Inclua uma caminhada de dez minutos em sua rotina pelo menos cinco vezes por semana. Após duas semanas, aumente para quinze minutos por dia. Gradualmente, prolongue o tempo e acelere o ritmo até chegar a uma caminhada vigorosa de uma hora por dia, várias vezes por semana. "Sinto que preciso andar todos os dias", conta a balconista Salete. "Se deixar a caminhada mesmo por um dia, fica mais difícil recomeçar" (a *Armadilha nº 6: Desculpas, desculpas, desculpas* traz mais dicas sobre o assunto).

10 minicenouras
Água

Lanche da tarde
30 gramas de amêndoas
Água com gás e limão

Jantar
120 gramas de salmão grelhado
1 batata-doce média cozida
1 xícara de brócolis cozidos no vapor
$^1/_2$ xícara de arroz integral

Análise nutricional: 1.522 calorias, 25% de gordura, 54% de carboidratos, 21% de proteínas, 29 gramas de fibras, 1.253 miligramas de cálcio e 511 microgramas de ácido fólico.

Sem tempo para uma caminhada de uma hora? Divida a atividade em duas sessões de meia hora cada ou em quatro sessões de quinze minutos. Para reforçar seu novo hábito, compre um contador de passos e monitore quanto você anda. "Proponha-se dar entre 8 mil e 12 mil passos por dia, dependendo de seu peso e condicionamento", aconselha Hill.

Adequado sim, perfeito não

A maioria das pessoas bem-sucedidas em suas dietas busca o peso adequado para o seu corpo. "Se você visse essas pessoas andando na rua, não diria que são magras", diz Anne Fletcher. Em média, as pessoas estudadas pelo Registro Nacional de Controle de Peso perderam cerca de 29% do seu peso, o suficiente para levá-las da obesidade ao peso normal, não à magreza. Se você almejar um peso adequado, embora possa ser maior do que sonhava, será mais fácil mantê-lo depois, sem falar que assim poderá aproveitar mais a vida. Com isso, também reduzirá drasti-

O ABC DO EMAGRECIMENTO

Vamos ser realistas. Sabemos o que funciona e o que não funciona para o emagrecimento eficaz e saudável. Não há nada de mágico aqui. Quase todas as pessoas bem-sucedidas em sua dieta seguiram estes dez passos. Faça como elas:

1. **Prefira alimentos ricos em fibras e pobres em gordura.**
2. **Diminua as porções.**
3. **Exercite-se todos os dias.** Comece devagar e aumente o ritmo até alcançar uma hora de exercícios físicos moderados (o equivalente a uma caminhada acelerada) diariamente.
4. **Estabeleça objetivos realistas.**
5. **Pense em sua saúde, não na magreza.**

camente o risco de diabetes, pressão alta, doenças do coração e outros problemas relacionados.

Ser adequada também quer dizer incluir seus alimentos favoritos na dieta, de modo a não se sentir privada. Sirva-se de um pedaço pequeno de bolo de chocolate ou de uma taça de sorvete de vez em quando. Se quiser, coma até mesmo seu chocolate de todos os dias, mas limite a quantidade a dois pedaços pequenos, e não à caixa inteira.

A palavra-chave é moderação. "Por vários anos, dizia a mim mesma que comia meus alimentos preferidos só muito de vez quando, mas na verdade eu comia uma ou duas porções todos os dias. Eram alguns biscoitos na segunda-feira, uma omelete de presunto na terça, pizza na quarta. No fim das contas, estava comendo em excesso todos os dias", revela Salete. Desse modo, você precisa definir o que é "moderação" e o que é "de vez em quando". Uma extravagância uma ou duas vezes por semana não irá prejudicar sua dieta, mas ir além disso pode ser a sua ruína.

6. **Não deixe que os deslizes se transformem em ruína.** Ao primeiro sinal de que você engordou dois quilos, volte a registrar tudo o que come, aumente os exercícios e controle seu consumo.
7. **Assuma o controle.** Não se faça de vítima das circunstâncias usando desculpas ou culpando os outros.
8. **Renove sua vida.** Você não está "de dieta"; você está criando um estilo de se alimentar que irá acompanhá-la por toda a vida.
9. **Mude sua mentalidade.** Acredite que você pode conquistar tudo o que quiser. Elimine pensamentos negativos e substitua-os por mensagens de estímulo e força.
10. **Não se prive.** Aproveite a vida. Coma um biscoito ou um pedaço de bolo. Mas use o bom senso: faça uma extravagância vez por outra, não todos os dias.

Compromisso com a saúde

Seu principal objetivo é ser uma pessoa melhor e mais saudável por toda a sua vida. Esse plano exige um firme compromisso de hoje em diante, não apenas para emagrecer e manter o peso, mas para mudar hábitos e, desse modo, assegurar a sua saúde e o peso mais adequado para você.

ARMADILHA Nº 9

Bebendo nossa boa forma

Você pode controlar rigorosamente o que come, evitando todas as guloseimas; pode comer com consciência, somente quando sentir fome, e ainda assim, sem saber, somar centenas de calorias vazias ao seu cardápio diário apenas tomando refrigerantes e bebidas isotônicas e energéticas durante o dia e álcool à noite.

Uma margarita gelada na *happy hour*, uma lata de refrigerante assistindo à TV ou uma taça de vinho à noite são companhias tão naturais quando visitamos os amigos ou queremos relaxar no fim do dia que às vezes nos esquecemos de contabilizar essas calorias que consumimos. Péssima jogada. Ignorar as calorias das bebidas é uma armadilha que, muitas vezes, vence os mais sérios compromissos com nossa saúde e a perda de peso.

Calorias silenciosas

As calorias dos líquidos acumulam-se rápido. É como se o contador de calorias do cérebro, que nos informa quando comemos o suficiente, esquecesse de contar as calorias dos líquidos. Em um estudo, as pessoas que tomaram o equivalente a 250 calorias em refrigerante, suco de laranja ou leite durante o almoço comeram tanto quanto outras que beberam apenas água mineral. Em outro estudo da Universidade Purdue, as pessoas escolheram entre um doce e um refrigerante, ambos com o mesmo número de calorias. Somente as que tomaram a bebida engordaram.

Vale observar que os líquidos incorporados aos alimentos, como no caso de sopas e ensopados, tendem a saciar mais, por isso comemos menos e emagrecemos mais, ao contrário dos líquidos servidos para acompanhar uma refeição ou ingeridos durante a *happy hour,* que não provocam nenhum efeito supressor do apetite. Isso pode explicar por que quanto mais refrigerantes uma mulher consome, mais propensa a engordar se torna. A relação causa e efeito é direta: o peso sobe na mesma proporção de cada lata de bebida.

As calorias dos refrigerantes

Os refrigerantes são um problema sério por ser nossa principal fonte de açúcar. Em média, bebemos hoje 61% mais refrigerantes do que há trinta anos. Estudos das universidades de Harvard e de Minnesota reve-

O AÇÚCAR EM ASCENSÃO

De acordo com dados recentes do Departamento de Agricultura dos Estados Unidos, em média as americanas consomem até 70 quilos de açúcar por ano, ou cerca de 29 colheres de chá por dia (algumas chegam a ingerir até quarenta colheres de chá por dia). Refrigerantes estão no topo da lista dos vilões:

Bebida	**Calorias**	**Açúcar (colheres de chá)**
Refrigerante cola – 350 mililitros	150	10
Refrigerante de laranja – 350 mililitros	210	13
Guaraná – 350 mililitros	112	8

laram que as pessoas que bebem refrigerantes consomem cerca de 200 calorias a mais por dia, e não é à toa, considerando que uma lata da bebida contém em média dez colheres de chá de açúcar.

A maioria dos refrigerantes é adoçada com o xarope de frutose de milho de alta concentração (HFCS). Esse adoçante é digerido, absorvido e metabolizado de modo diferente do açúcar comum, sendo mais facilmente armazenado como gordura em nosso organismo. Por isso, é considerado um dos principais suspeitos de contribuir para os altos índices de obesidade.

Em certos casos, até mesmo a água pode engordar. Muitas mulheres trocaram a velha e boa água por águas com adição de vitaminas e sabor de frutas. O melhor negócio seria obter as vitaminas de suplementos alimentares e evitar as calorias de uma garrafa de água cara e sem maior serventia.

Não pense que é um bom negócio trocar os refrigerantes por outras bebidas industrializadas:

Bebida	**Calorias**	**Açúcar (colheres de chá)**
Suco de abacaxi pronto – 200 mililitros	112	6
Chá com limão pronto – 250 mililitros	90	6
Gatorade – 240 mililitros	54	3 $^1/_2$

Álcool e calorias

"Quando vamos jantar fora, tomo um martíni com duas azeitonas para começar e, depois, um cálice de vinho para acompanhar a comida. Quem se importa com as calorias quando se está saboreando um martíni bem gelado!", conta Nanci, editora e escritora. Concordo. Um drinque ou dois de vez em quando não é um grande problema. São as viagens freqüentes ao bar que podem pesar na balança.

Entre as quatro substâncias mais calóricas, o álcool é o que proporciona menos saciedade, vindo depois da proteína – a que mais sacia –, dos carboidratos e da gordura. Com 7 calorias por grama, o álcool é quase tão calórico quanto a gordura. Um drinque médio – uma caneca de cerveja, um cálice de vinho ou uma dose de licor – fornece cerca de 150 calorias, mas isso é só o começo. Quando você adiciona misturas açucaradas ou cremosas a um drinque, pode duplicar ou triplicar suas calorias.

As mulheres pensam que cerveja engorda, mas você ganhará peso duas vezes mais rápido com um drinque do que se tomar uma lata de cerveja. Uma dose de 120 mililitros de margarita tem 190 calorias enquanto um martíni pode conter até 340 calorias, dependendo da receita. Provavelmente, você jamais comeria uma fatia grande de bolo de chocolate antes do jantar, mas com um único drinque ingere a quantidade equivalente de calorias. O martíni de que Nanci tanto gosta é tão calórico quanto um pedaço de pizza.

Nosso organismo usa as calorias do álcool de modo diferente que qualquer outro tipo de caloria, procurando eliminá-lo o mais rápido possível, pois essa substância é um veneno que não pode ser armazenado. O álcool é usado preferencialmente como fonte de energia, seguido dos carboidratos, das proteínas e da gordura. "Uma refeição que inclua álcool, alimentos gordurosos e excesso de calorias engorda muito, pois muitas dessas calorias são estocadas como gordura corporal", afirma Barbara Rolls, da Universidade do Estado da Pensilvânia.

Efeito cascata

Também comemos mais quando bebemos. O álcool estimula o apetite, aumentando a produção de saliva e ácidos gástricos, que causam contrações abdominais semelhantes ao ronco do estômago. Combine esse aspecto com a capacidade do álcool de enfraquecer nossa vontade, e temos a receita perfeita para a extravagância e a gula. De fato, devoramos cerca de 200 calorias a mais quando uma refeição é acompanhada de bebida alcoólica. Mesmo um cálice de vinho ou um copo de cerveja diminui nossa inibição, aumentando nossa tendência para comer os alimentos errados. "Quando consumidos à noite, os drinques adicionam ainda mais calorias a uma dieta", afirma Barbara Rolls.

Comer um pouco além da conta não é um grande problema se tomarmos apenas um ou dois cálices de vinho por semana. O problema é que bebemos mais hoje do que no passado recente. Mulheres jovens estão entre os cada vez mais numerosos consumidores de álcool. Bebemos para nos divertir e relaxar. Bebemos para ter prazer, celebrar e nos relacionar com os amigos. O caso de Nanci provavelmente é bem comum: "Tomo uma taça (às vezes, duas) de vinho branco no jantar todas as noites. A bebida faz a comida parecer mais gostosa, mais festiva, tanto que já se tornou parte de nosso ritual".

Também bebemos mais do que pensamos. Em um estudo, muitas mulheres que estimaram tomar entre três e onze drinques por semana descobriram, depois de registrar o seu consumo em um diário, que bebiam duas ou três vezes mais. Mais que uma mulher em cada oito bebe em excesso (mais que três drinques por dia) pelo menos uma vez por mês. Não me entenda mal: é bom incluir um pouco de álcool em nossa vida; ele pode reduzir o risco de doenças e até prolongar a vida (vamos discutir esse assunto adiante). Apenas é preciso ter consciência de que esse hábito também pode desviá-la de uma nutrição saudável e aumentar sua cintura.

"Tintim!": por que o vinho é bom para você

Uma pequena quantidade de álcool é boa para o coração. Mantém as artérias limpas, inibe a formação de coágulos sanguíneos e eleva a taxa do bom colesterol, chamado HDL.

O vinho pode ser especialmente benéfico para a saúde. Além de álcool, ele contém substâncias antioxidantes – como fenóis, flavonóides e resveratrol – que protegem as artérias contra processos inflamatórios e outras lesões. O vinho tinto parece ter quantidades maiores de antioxidantes que previnem aterosclerose e doenças do coração, reduzem o risco de demência, de degeneração ocular, que causa a perda da visão, e podem aumentar a longevidade. O resveratrol do vinho tinto apresenta benefícios adicionais, ajudando a combater as substâncias causadoras do câncer. O composto evita que células contraiam câncer e parece deter a própria disseminação da enfermidade.

É o vinho ou o estilo de vida de seus apreciadores que faz bem? A resposta não é tão fácil. Pessoas que preferem o vinho se exercitam mais,

O QUE É BEBER COM MODERAÇÃO?

A maioria sabe o que é abuso de álcool: as pessoas não conseguem parar de beber até a intoxicação. O seu uso excessivo causa dependência e vários distúrbios, como perda restrita de memória (a pessoa não se lembra do que aconteceu enquanto bebia). O alcoolismo prejudica a vida, o trabalho, as relações sociais e familiares e a saúde. A classificação dos níveis de consumo de álcool pode variar de acordo com a cultura, mas, em geral, estas são diretrizes básicas:

- Bebedor discreto ("bebedor social"): até três drinques por semana.
- Bebedor moderado: toma de quatro a catorze drinques por semana.
- Bebedor excessivo: bebe quinze drinques ou mais por semana, ou mais de dois quase todos os dias.

comem melhor, fumam menos e, em geral, bebem com maior moderação, comparadas aos bebedores de cerveja ou licor. De qualquer maneira, é bom lembrar que o suco de uva também é um importante aliado da sua saúde, pois reduz os riscos de problemas coronários.

O lado negro do álcool

Como vimos, o álcool pode ser benéfico em pequenas quantidades, mas se torna perigoso quando ingerido em excesso. Na verdade, abusar do álcool é bem mais prejudicial para a sua saúde e qualidade de vida do que deixar de aproveitar seus benefícios. Seu consumo excessivo e prolongado causa inflamação no pâncreas e cirrose no fígado, além de aumentar o risco de certos tipos de câncer e uma série de outros distúrbios. As mulheres são particularmente mais vulneráveis aos efeitos prejudiciais do álcool, por várias razões:

- Em geral, elas têm constituição física menor que a dos homens, e por isso a mesma dose de bebida tem um efeito maior e mais rápido no organismo delas.
- Têm maior proporção de tecido gorduroso no corpo, o que favorece concentrações alcoólicas mais altas.
- A metabolização do álcool é mais lenta nas mulheres, pois elas têm menos enzimas especializadas nessa função.
- São mais sujeitas a sofrer acidentes de carro e certas doenças devido ao uso de bebidas alcoólicas.

O álcool sobe rapidamente e permanece mais tempo em nosso organismo. Como vimos, sob a mesma carga de um drinque, as mulheres apresentam níveis alcoólicos mais elevados no sangue que os homens e por isso sofrem mais seus efeitos embriagadores. Como conseqüência, somos mais suscetíveis a doenças no fígado, no músculo cardíaco e no cérebro, além de apresentarmos probabilidade maior de desenvolver osteoporose, demência e câncer de mama. Um estudo revelou que, enquanto um drinque ao dia reduz o risco de demência, mais de dois drinques diários têm efeito oposto, aumentando esse risco.

Outro estudo, da Universidade Harvard, que acompanhou mais de 89 mil mulheres entre 34 e 59 anos de idade, revelou que aquelas que ingerem de três a nove drinques por semana têm um risco 30% maior de desenvolver câncer de mama do que as abstêmias. Esse risco é ainda maior para as mulheres que fazem reposição hormonal por causa da menopausa. Por todas essas razões, deveríamos limitar e controlar o consumo de bebidas alcoólicas.

Além disso, o álcool afeta nosso equilíbrio nutricional. Mesmo um consumo moderado pode drenar certos nutrientes do organismo e aumentar a necessidade por outros. Por exemplo: o álcool reduz a disponibilidade de vitamina C, aumenta a perda de potássio e cálcio pela urina e está associado a deficiências de zinco e magnésio. Outros nutrientes em risco incluem ácido fólico e as vitaminas A, B1, B6 e B12.

Mais de sessenta problemas de saúde estão relacionados diretamente ao abuso de álcool, que é tóxico para todos os tecidos. Os órgãos mais atingidos são trato digestivo, coração, fígado e cérebro. Causa defeitos congênitos e problemas neurológicos irreversíveis, além de aumentar em seis vezes o risco de câncer de boca, garganta e esôfago. Mesmo quantidades moderadas de álcool podem afetar duas áreas no cérebro, possivelmente prejudicando a capacidade de pensar e a memória. O consumo excessivo também fornece calorias vazias, aumenta a fadiga, agrava a depressão, perturba o sono e pode levar à dependência. Por fim, o alcoolismo provoca acidentes de trânsito e faltas no trabalho, arruína a família e desfaz amizades. Razões mais do que suficientes para não beber demais.

Também não devemos misturar álcool com medicamentos. O uso do álcool pode, em muitos casos, potencializar ou cancelar a ação de drogas, aumentando seus efeitos colaterais ou anulando seus benefícios, como no caso dos antibióticos. Misturado a determinadas drogas, o álcool pode converter remédios em substâncias tóxicas e ainda reforçar os efeitos sedativos de medicamentos como anti-histamínicos.

Não caia na armadilha

Uma lata de refrigerante, um cálice de vinho ou um copo de cerveja algumas vezes por semana, tudo bem. O problema começa quando você excede quantidades aceitáveis, a ponto de influenciar seu consumo total de calorias, seu peso e sua saúde. Mais uma vez, a moderação é o melhor caminho. Refrigerantes devem ser consumidos de vez em quando, um ou dois por semana, não um por dia. Para maximizar os benefícios do álcool, as mulheres devem limitar-se a um drinque por dia.

Seguindo o padrão oficial, "um drinque" equivale a 150 mililitros de vinho, 350 mililitros de cerveja ou 50 mililitros de licor. Além da quantidade, os benefícios do vinho ou de outras bebidas alcoólicas também dependem de quando são ingeridos. Você não pode beber toda a sua cota semanal de vinho no sábado, por exemplo, e obter as mesmas vantagens que advêm das pequenas doses diárias. Além do mais, seis coquetéis antes de um jantar equivalem a quase 2.000 calorias, sem falar na dor de cabeça e na ressaca do dia seguinte.

VOCÊ BEBE MUITO?

Responda o questionário. Uma resposta "sim" a uma ou mais das seguintes perguntas pode ser um sinal vermelho de que você está bebendo demais.

1. Alguma vez você já pensou que precisava diminuir a bebida?
2. Sente-se chateada pelo fato de outras pessoas expressarem preocupação sobre seu hábito de beber?
3. Tem sentimentos de culpa em relação à bebida ou ao seu comportamento quando bebe?
4. Alguma vez já tomou um drinque para acordar de manhã ou para combater os sintomas de uma ressaca?

É preferível beber sua taça de vinho durante a refeição, não antes nem depois. "Um cálice de vinho que acompanha uma refeição saudável, que inclua sopa, salada, legumes, carnes magras e frutas na sobremesa, combina os ingredientes necessários para aumentar a sensação de saciedade com menos calorias", diz Barbara Rolls. Por outro lado, beber durante a *happy hour* nos predispõe a beliscar comidinhas gordurosas e, mais tarde, uma refeição completa.

Da mesma forma que você deve comer devagar e com consciência, procure desenvolver o hábito de beber vagarosamente. O fígado leva de uma a duas horas para processar o álcool contido em um drinque. Se você beber muito depressa, o álcool se acumula no sangue e nos tecidos. O entorpecimento que você sente após alguns goles significa que o cérebro e os órgãos estão saturados dos efeitos tóxicos da bebida; nesse momento, você acaba de ultrapassar o ponto em que o álcool deixa de ser benéfico para sua saúde.

Nutrição e álcool

O uso excessivo do álcool pode deteriorar uma dieta balanceada e nutritiva. Se você tem o hábito de beber, o melhor é a moderação, porém também é uma boa idéia recorrer a um suplemento vitamínico e mineral. Os suplementos não podem proteger o organismo do álcool, mas ajudam a restaurar as perdas nutricionais. A vitamina E e outros antioxidantes combatem os danos causados aos tecidos por radicais livres produzidos pelo álcool; a vitamina C é necessária para repor o colágeno; o ácido fólico e outras vitaminas B ajudam a reparar as células; e a vitamina B6 atua na construção protéica.

O ácido fólico é especialmente importante se você gosta de beber. O álcool retira a vitamina B dos tecidos, deixando as células vulneráveis a mutações cancerígenas. O consumo diário de grandes quantidades de alimentos ricos em ácido fólico – espinafre e outras folhas verde-escuras, suco de laranja, aspargos, brócolis, feijão, amendoim e cereais enriquecidos –, em conjunto com um suplemento que contenha 400 microgramas de ácido fólico, pode reduzir o risco de câncer provocado pelo álcool. Um estudo descobriu que as mulheres que ingeriam três taças de vinho por dia tinham um risco 41% maior de desenvolver câncer de mama do que as que nada bebiam, mas esse risco era compensado se as mulheres também consumissem grandes quantidades de ácido fólico.

Aprendendo a manter o controle

Você pode se comprometer a não beber mais, ou a beber com moderação, mas às vezes é mais fácil falar do que fazer. Muitas pessoas não gostam de beber sozinhas, por isso a pressão social para se juntar a um

AS 10 REGRAS PARA BEBER

1. Beba somente um ou dois drinques por dia.
2. Jamais beba de estômago vazio.
3. Não beba se estiver grávida ou se tiver um histórico de alcoolismo na família. Pense se vale a pena beber se existirem casos de câncer de mama em sua árvore genealógica.
4. Ao beber, alterne um drinque com uma bebida não-alcoólica. Por exemplo: após um cálice de vinho, tome um copo de água gelada.
5. Evite drinques que levem açúcar: são deliciosos, por isso fica mais fácil abusar da bebida.
6. Nunca tome uma "saideira". Pare de beber uma ou duas horas antes de dirigir. Se for o caso, peça carona a um amigo ou tome um táxi.
7. Ao organizar uma festa, ofereça bebidas não-alcoólicas como água com gás, refrigerantes *diet* e chá gelado.
8. Em festas, procure uma bebida não-alcoólica para alternar com seu drinque.
9. Em reuniões sociais, escolha a bebida que menos lhe agrada. Assim, beberá menos.
10. Quando beber vinho, prefira consumi-lo às refeições.

grupo pode ser grande. Não é preciso comemorar o aniversário ou brindar o Ano Novo com bebida alcoólica e, certamente, não é necessário ficar embriagada. Um bom hábito que ajuda nesse caso é planejar com antecedência como você enfrentará determinadas situações que ameaçam seus objetivos. Esse plano poderia incluir uma ou mais das seguintes ações:

- Faça um grande favor à sua cintura substituindo cerveja comum por cerveja sem álcool. Desse modo, você pode cortar as calorias pela metade. Leia os rótulos das cervejas light para verificar seus valores calóricos.
- Recuse drinques altamente calóricos, como margaritas, martínis e outros coquetéis. Prefira vinho, assim poupará calorias.
- Enriqueça suas bebidas não-alcoólicas. Sirva-as em copos coloridos e enfeitados com raminhos de hortelã e pedaços de frutas. Prepare coquetéis de frutas sem álcool.
- Prepare coquetéis com suco de uva, que contém o mesmo componente benéfico do vinho tinto. Prefira sucos frescos ou os concentrados sem açúcar. Outras frutas que contêm o mesmo componente da uva são morango, ameixa, groselha, maçã e laranja.
- Beba água, e não refrigerante, para matar a sede.
- Alimente-se bem. Mantenha petiscos saudáveis à mão; assim, você bebe menos.

Se abusar de vez em quando, você precisará de um plano para curar a ressaca. Não tome café, pois tudo o que ele faz é animar um pouco. Uma caminhada ao ar livre também não remove o álcool do seu organismo, pois os músculos não usam a substância como energia. O fato é que, para ficar sóbria, são necessárias tantas horas quantos os drinques que tenham sido consumidos. Quanto mais diluída a bebida e mais lentamente for ingerida, menor a probabilidade de ressaca.

Existe no mercado uma variedade de remédios que prometem curar a bebedeira. Porém, o único tratamento conhecido consiste em beber muita água, tomar um comprimido para dor de cabeça e esperar a ressaca passar. Na verdade, o melhor tratamento de todos é evitar a indisposição, bebendo com moderação e somente de vez em quando.

Água: a bebida perfeita

Elemento essencial para o organismo, a água não tem gordura, nem açúcar, nem calorias. Sua densidade de energia é zero. Substitua a lata de refrigerante por água pura e você não apenas matará a sede como enxugará cerca de 200 calorias de sua dieta. A água é o nutriente mais importante de nossa dieta. Como nosso organismo não consegue estocá-la, o consumo diário é essencial para manter as funções corporais, incluindo digestão, circulação, excreção, transporte de nutrientes, renovação de tecidos e manutenção da temperatura corporal.

Dependemos da água. Ela hidrata os tecidos e ajuda a prevenir fadiga, dor de cabeça, pedras no rim e infecções no trato urinário. "Sem água, as toxinas se acumulam no organismo e as células não funcionam adequadamente", diz Nancy Clark, nutricionista. Mesmo uma desidratação moderada, como a perda de 1% ou 2% do peso corporal, resulta em uma variedade de problemas, desde dores de cabeça e fraqueza até tontura, baixa resistência, redução da memória de curto prazo e baixa concentração.

Os mecanismos da sede são diferentes dos da fome, mas algumas pessoas confundem fome com sede e, assim, tomam sorvete quando o que o corpo realmente quer é um copo de água gelada. Da próxima vez que você tiver vontade de beliscar sem ter fome de verdade, procure beber um copo de água e esperar quinze minutos para ver se a vontade de comer persiste. Duas em cada três pessoas que conseguiram emagrecer bebem água para manter o peso. Além de refrescante, ajuda a limitar o consumo de comida.

Susan Kleiner, da Universidade de Washington, adverte que um dos primeiros sintomas da desidratação é a fadiga. Pessoas que se exercitam, vivem em climas quentes, transpiram muito, ou mulheres que estejam grávidas ou amamentando estão mais suscetíveis à desidratação leve. A fadiga causada pela desidratação abala a determinação de manter uma dieta, levando a deslizes e recaídas.

Em média, o corpo humano perde por volta de 2 litros de água diariamente. Muitos fatores elevam a perda de fluidos para além dessa marca, como a atividade física intensa ou viver em altas altitudes. Tome pelo menos oito copos de água todos os dias para ter boa saúde. Porém, de que forma você pode fazer disso um hábito?

- Encha uma garrafa com sua cota diária de água e a deixe sobre a mesa do escritório ou a pia da cozinha.
- Encha oito copos com água e os coloque em lugares estratégicos em sua casa.
- Tome oito grandes goles de água toda vez que passar por um bebedouro.
- Precisa de um pequeno estímulo para beber água? Experimente enfeitar o copo com uma rodela de limão ou laranja. Ou, ainda, misture suco de fruta com água gaseificada e cubos de gelo.

Se você ingerir a quantidade adequada de líquidos, sua urina terá um tom amarelo-claro e a freqüência de urinar será uma vez em cada duas a quatro horas. Uma urina de tom mais escuro é sinal de que seu corpo tem pouca água e procura conservá-la.

Moderação é tudo

O álcool, em especial o vinho, pode trazer alguns benefícios para a saúde. Beber com moderação também pode se adequar a um programa alimentar para emagrecer ou manter o peso. No entanto, quando há abuso, as calorias se acumulam e aumentam os danos à saúde. Portanto, se você prefere beber álcool ou refrigerantes, lembre-se de contabilizar as calorias das bebidas. Aquele cálice de vinho tinto pode proteger seu coração, mas não é uma necessidade e nunca um substituto para outros hábitos mais proveitosos, como se exercitar, comer corretamente e não fumar.

ARMADILHA Nº 10

A dieta do tudo ou nada

"De vez em quando, faço dietas rigorosas e tento comer bem e fazer tudo direitinho. É mais uma tentativa de perder cinco quilos. Compro alimentos saudáveis, como germe de trigo, brócolis orgânicos e arroz integral. Faço ginástica depois do trabalho. Bebo oito copos de água por dia e tomo minhas vitaminas. Tudo vai bem por uma semana. Então me desanimo porque não vejo resultados. Num piscar de olhos, estou de volta à lasanha congelada e à pizza e, antes que me dê conta, estou deitada no sofá com um pacote de bolachas de chocolate vendo TV em vez de ir à academia malhar", desabafa a terapeuta ocupacional Carina.

Depois de analisar a rotina alimentar de Carina, ficou claro que ela não precisava adotar um novo estilo de vida nem fazer grandes mudanças para emagrecer. Tudo o que ela precisava fazer para perder aqueles quilinhos e se sentir melhor era cortar o sorvete depois do almoço e parar de atacar o pote de bolachas à noite. Com isso, cortaria 400 calorias de sua dieta diária, o suficiente para eliminar os cinco quilos em três meses. Se ela ainda fizesse dez minutos de caminhada acelerada todos os dias, emagreceria mais rápido e melhoraria sua disposição. Sua luta para construir um novo estilo de vida era desnecessária e extrema demais para garantir um bom resultado de longo prazo. No final das contas, ela acabava não assumindo a dieta de verdade, pois nunca abria mão dos doces, continuava a engordar e se sentia desanimada diante de mais um fracasso. Como Carina, toda mulher que tenha o hábito de mergulhar numa dieta com a mentalidade do tudo ou nada sacrifica as próprias chances de sucesso.

Por que a mentalidade do tudo ou nada fracassa

Como vimos, as mulheres que conseguiram atingir um equilíbrio entre um peso saudável e uma vida mais realista fizeram pequenas mudanças no seu modo de vida. Anne Fletcher estudou as pessoas que emagreceram e que mantêm o peso por vários anos: "Elas colocaram um ponto final na mentalidade do tudo ou nada, nessa idéia de 'estar de dieta' ou 'não estar de dieta'. Permitiram-se ser imperfeitas e reconheceram que não existem regras rígidas para se alimentar bem e manter o peso". Essas pessoas não se castigam nem sentem remorso por comer um doce ou dois de vez em quando ou por fugir da ginástica uma semana inteira. Elas não se desesperam nem jogam tudo para cima. Mas o que fazem sempre é tomar o controle da situação antes que tudo se perca.

Toda idéia do tudo ou nada é uma verdadeira sabotagem pessoal ao seu desejo de emagrecer. Por isso, cuidado com os seguintes pensamentos radicais:

- Classificar um alimento como "saudável" ou "lixo".
- Estar de dieta ou não estar de dieta.
- Decidir perder um número específico de quilos e não aceitar nada menos que isso.
- Eliminar grupos inteiros de alimentos como grãos ou laticínios.
- Classificar-se como "boa" ou "má" quando se tratar de alimentação ou exercícios.
- Tentar fazer grandes mudanças extremas de uma só vez.
- Fazer duas horas de ginástica forçada diariamente para acelerar o emagrecimento (sem ter levantado um dedo em meses).
- Prometer cortar todo o açúcar (ou todos os carboidratos, *fast-food*, gordura etc.).

Ninguém é perfeito. Deslizes e recaídas acontecem com todos. Deixar de aceitar erros e imperfeições é como cobrar de si mesma o desempenho de uma atleta olímpica sem nunca ter treinado. "Em suas tentativas de emagrecer, muitas vezes as pessoas recorrem a hábitos e estratégias que, na verdade, agravam o aumento de peso", explica Wayne C. Callaway, da Universidade George Washington. As pessoas que iniciam uma dieta em termos de tudo ou nada pulam refeições, deixam de comer grãos, abandonam os lanches, vivem de produtos *diet* ou restringem radicalmente os alimentos. "Como conseqüência", conclui Callaway, "elas se sentem privadas, o que leva a extremos, ora de total abstinência, ora de gula desmedida." A verdade é que manter uma vida saudável, em geral, requer apenas algumas correções no que você já faz. Raramente exige uma total remodelação da sua vida.

O tudo ou nada e seu peso

Alguma vez você já decidiu emagrecer muito, dez quilos ou mais, chegou a perder alguns, desanimou e desistiu? Se a sua resposta é sim, bem-vinda ao clube. Milhares de mulheres fazem isso todos os dias. Esse típico objetivo tudo ou nada fracassa porque não permite que você comemore as pequenas vitórias ao longo do caminho.

Foi exatamente o que aconteceu em um estudo da Universidade da Pensilvânia, em que pessoas que pesavam em média 100 quilos definiram seus objetivos para emagrecer. A maioria decidiu perder 30 quilos e afirmou que emagrecer apenas 15 quilos "seria um fracasso". Apesar disso, perder 10% do peso corporal, ou 10 quilos, traria enormes benefícios à saúde. A perda moderada de peso em pessoas que sofrem de pressão alta é capaz de dispensar o uso de remédios em quase metade dos casos. Mulheres obesas que emagrecem entre 10% e 20% do seu peso têm um risco 40% menor de desenvolver doenças do coração. Até mesmo eliminar uns poucos quilinhos significa que suas roupas voltarão a servir. É preciso aprender a valorizar todas essas conquistas ao longo do caminho e persistir.

Toda mulher vítima da mentalidade tudo ou nada precisa ser mais realista. Chega a ser ridículo que uma mulher de 90 quilos, desejando ter 58, sinta-se insatisfeita e fracassada ao atingir 65 quilos ou tenha conseguido alcançar sua meta de pesar 58 quilos à custa de uma dieta tão rigorosa que será praticamente impossível manter esse peso por muito tempo.

Por outro lado, uma mulher que aprendeu a reconhecer cada pequena conquista em direção ao seu objetivo maior sente-se mais confiante e realizada. Acima de tudo, fazer exercícios e se alimentar de modo saudável já é uma grande realização. Se, enquanto isso, você perder 5% do seu peso, será uma verdadeira vitória. Se conseguir parar de engordar já será um bom começo. Dar um passo de cada vez é o hábito que a levará ao final da sua jornada.

Diálogo interior: o que se passa em sua cabeça

É preciso procurar se compreender melhor, ouvir seu diálogo interior, saber o que se passa em sua cabeça. Essa conversa interior acontece o tempo todo. Tanto pode levar você a cometer deslizes e recaídas como pode mantê-la firme no seu rumo, dependendo se esse diálogo é negativo ou positivo.

Um diálogo negativo soa assim: "Agora estraguei tudo!" ou "Não consigo fazer nada certo!" ou ainda "De que adianta tanto sacrifício? Nunca deu certo antes, por que daria dessa vez?". Palavras como essas normalmente acompanham objetivos impossíveis, como este: "Nunca mais vou comer entre as refeições outra vez". Então, no meio de uma tarde qualquer, surge no seu caminho um pacote de salgadinhos já aberto e você diz para si mesma que teve um dia difícil e, por isso, merece comer um bocado. Não foi apenas a visão dos salgadinhos que a levou a sair da dieta: houve também a contribuição do "falatório" que se seguiu em sua cabeça. O deslize se transforma numa recaída total no momento em que você ouve em seu íntimo: "Já que você comeu as batatas fritas e o dia está perdido, pode comer o que quiser que não faz a menor diferença".

Se seu diálogo interior está cheio de "não consigo", "não devo" ou "tentei, mas", esse é um sinal de que você está determinada a sabotar sua dieta. Pensamentos do tipo "não sou boa" ou "não consigo fazer isso" também induzem à depressão, ao cansaço e à incapacidade. Seu diálogo interior tem o poder de afastá-la ou aproximá-la de seus objetivos. É capaz tanto de reafirmar que você está no controle de sua vida quanto de convencê-la de que é uma vítima indefesa das circunstâncias. Qual é o diálogo que se passa em sua cabeça?

Vejamos mais alguns exemplos de idéias derrotistas e depreciativas:

- "Perdi apenas meio quilo nesta semana. Quem se importa com a dieta?"
- "Engordei um quilo nesta semana. Agora, provavelmente, vou engordar tudo de novo."
- "O que é só mais um dia de comilança?"
- "Essa dieta idiota acaba com a minha vida."
- "Bem que tentei resistir hoje, mas todo mundo ficou me oferecendo comida."

O diálogo positivo tem efeito contrário. As mulheres que mantêm uma conversa mais positiva consigo mesmas encontram uma nova fonte de poder. Nem é preciso dizer que assim elas conseguem atingir seus objetivos, pois se sentem mais confiantes e assertivas.

Não caia na armadilha

Assim que você se livrar da mentalidade do tudo ou nada e começar a reconhecer as pequenas vitórias, será mais fácil atingir seus objetivos e aproveitar todo o caminho até lá. A seguir, aprenda alguns truques para melhorar seu diálogo interior e desenvolva um plano para perdoar seus pequenos pecados e seguir em frente com ânimo.

Mulheres saudáveis em todos os tamanhos

Se você tem dificuldade em alcançar e manter determinado peso, talvez esse objetivo seja irreal. O melhor seria você pensar em um peso saudável, e não no peso de seus sonhos. Qual é seu peso saudável? É aquele em que seu corpo naturalmente se mantém quando você se alimenta de acordo com as orientações descritas neste livro e quando se exercita (o equivalente a uma caminhada acelerada) pelo menos 45 minutos todos os dias.

Em geral, o peso saudável é aquele que não ultrapassa cinco ou seis quilos de seu peso aos 21 anos (presumindo-se que você não estava acima do peso nessa época), em que sua cintura não tenha crescido mais de 7 centímetros ao longo dos anos e em que seu IMC esteja entre 19 e 25. Além disso, o peso saudável é aquele que não coloca você em risco crescente de desenvolver uma série de doenças.

Com um peso saudável, a proporção de gordura no corpo é menor. A gordura profunda, chamada visceral ou intra-abdominal (que aumenta o risco de doenças graves), não aparece e não se acumula em volta dos órgãos. Já a gordura armazenada na superfície do corpo, às vezes chamada celulite, pode não ser agradável mas é menos prejudicial à saúde. Evidentemente, quanto mais gorda você for, mais gordura visceral terá. Apesar disso, uma mulher levemente acima do peso e que se exercita regularmente pode estar em forma e ter menos gordura visceral que uma magra sedentária.

Após a menopausa, as mulheres se tornam mais suscetíveis a acumular gordura visceral. Antes desse período, o hormônio estrogênio faz com que a gordura seja acumulada nos quadris e nas coxas. "Quando os níveis de estrogênio caem depois da menopausa, a gordura passa a ser armazenada principalmente nas regiões subcutâneas (sob a pele) e viscerais", explica Pamela Peeke, professora da Universidade de Maryland e autora de *Fight Fat After Forty* [Combata a Gordura Após os Quarenta]. As calorias em excesso têm ainda mais chances de ser armazenadas como gordura visceral se você fumar, tomar bebidas alcoólicas ou sofrer estresse. Para combater esse tipo de gordura, além de abandonar ou controlar esses maus hábitos, mantenha uma alimentação saudável e uma atividade física regular.

Controle as recaídas

O hábito do tudo ou nada sempre fracassa porque você está disposta a aceitar a derrota logo na primeira vez que deixar a bola cair. Todo mundo comete deslizes vez ou outra. Sentimentos como raiva, tristeza, medo, frustração, estresse, excitação ou solidão podem fazer você sair da dieta. Preocupações com a família e o trabalho, também. Você pode voltar a comer demais por uma alteração em sua rotina de vida, como uma doença, uma viagem, um feriado ou por sofrer de TPM. Uma vida atribulada pode levá-la a abandonar as aulas de ginástica. Oportunidades e tentações para você sair da dieta estão por toda parte.

Lorena, secretária, costumava caminhar por uma hora antes de ir para o escritório, todos os dias, durante três meses... até o inverno chegar. Como não gostava do frio e do vento e não havia se matriculado em uma academia de ginástica, ela voltou a dormir até mais tarde e abandonou seu exercício. Maria, técnica em radiografia, ia à aula de aeróbica quatro vezes por semana... até que pegou um resfriado e teve de faltar por uma semana. Nunca mais voltou. As duas poderiam ter evitado a interrupção definitiva de suas atividades se tivessem tomado uma iniciativa imediatamente.

Encare os deslizes como experiências de aprendizagem, não como fraquezas de caráter. Eles são oportunidades de identificar o que atrapalha ou abala você, a fim de que possa se preparar para enfrentar melhor a situação da próxima vez. Para isso, é preciso analisar a situação e entender como você chegou até aquele ponto. Vamos dizer que, após uma semana fazendo dieta, você esteja em pé na cozinha, garfo na mão, comendo torta de morango direto da fôrma. Em vez de encerrar de vez a sua dieta nesse momento, comer toda a torta e passar os dias seguintes consumida pelo remorso, pergunte-se o que aconteceu antes de você comer o doce. Talvez o que a tenha empurrado para o deslize tenha sido um pensamento como "Estou morrendo de vontade de comer um doce". Talvez tenha sido um sentimento de raiva porque sua filha adolescente não lavou a louça como tinha prometido. Pense no que a levou até a torta e, então, planeje um modo de evitar a reincidência (você pode extravasar a raiva ou sair para caminhar em vez de comer).

Não supervalorize um pequeno deslize nem minimize suas muitas vitórias. "As mulheres entram em pânico quando pensam em sua vida nos termos de tudo ou nada", diz Susan Moores. "Quando você busca a perfeição e depois comete um deslize, é muito fácil pensar 'Agora que estraguei a dieta, nada mais posso fazer além de comer'. Pare de se lamentar e recomece o seu programa alimentar *hoje*."

Conheça a si mesma

Com freqüência, os deslizes são causados por determinados pensamentos, em geral, sutis. Para criar um diálogo interior que rechace a mentalidade do tudo ou nada, você deve monitorar o que diz a si mesma sobre os seguintes assuntos:

- Sua aparência
- Seu peso
- Sua capacidade de emagrecer e manter o novo peso
- Sua imagem se exercitando
- Seu potencial para ficar em forma
- Sua saúde hoje e no futuro
- Suas chances de comer bem e se sentir ótima para sempre
- Comida, calorias e alimentação em geral

Durante uma semana ouça atentamente seus pensamentos e anote-os. O que você diz a si mesma sobre sua vida e seus objetivos?

- Quando está em frente ao espelho, o que passa pela sua cabeça sobre a forma do seu corpo, peso, aparência ou idade? O espelho pode refletir seus problemas. Por exemplo, para uma mulher que conheço, os pensamentos são: "Puxa, olhe só o que ter dois filhos em dois anos pode fazer a um corpo! Parece que estou eternamente grávida de três meses; meus quadris estão enormes e meus peitos caíram".

- Quando está atrás de uma jovem bonita na fila do banco, ou quando folheia uma revista de moda, que pensamentos sobre si mesma passam por sua mente? "Estou constantemente me comparando a outras mulheres. Quando são mais gordas que eu, sinto-me melhor. Mas, quando são mais atraentes ou mais magras que eu, penso na última vez que fiz dieta e como eu também poderia ser daquele jeito se tivesse sido persistente. E isso me dá raiva de mim mesma", conta Luíza, auxiliar de enfermagem.
- Em festas, restaurantes e outros eventos sociais, que pensamentos em relação à comida influenciam suas escolhas? Vitória, escritora, diz: "Em festas, digo a mim mesma que vou experimentar apenas um canapé ou um doce. Porém, logo me esqueço e começo a comer sem parar".

Lembre-se de que o diálogo interior é uma verdadeira profecia em ação na sua vida. Pensamentos depreciativos ou derrotistas criam o insucesso. Pensar que você não é capaz de mudar, que não tem força de vontade para melhorar a sua vida ou que não consegue levar nada até o fim são como profecias cheias de tristeza que levam você a tomar decisões que, mais uma vez, conduzirão ao fracasso e à depressão. Esse não é o tipo de pensamento que deseja para si!

Pensamentos encorajadores – especialmente quando são repetidos ao longo do dia, dia após dia – aumentam nossa força interior, motivam-nos a persistir até o fim e nos ajudam a alcançar nossos objetivos. Pensamentos positivos também melhoram nosso humor e nossa energia.

Em que você está pensando?

Depois de uma semana monitorando seus pensamentos, avalie quais deles ajudam e quais prejudicam o seu progresso. Seu diálogo interior está à altura de seus objetivos? Você diz a si mesma que é capaz de emagrecer, que está no controle e que tudo fica mais fácil a cada dia? Ou, ao contrário, pensa que é horrível se alimentar desse jeito, que você detesta a ginástica e que tudo é muito difícil? Saiba que conseguirá emagrecer somente se seus pensamentos estiverem sintonizados com seus objetivos e comportamentos. Se esse ainda não for o seu caso, está na hora de fazer algumas mudanças em sua cabeça.

Quando ouvir o seu diálogo interior, pergunte-se se seus pensamentos espelham uma verdade. Como vimos, somos mestras em fabricar desculpas para nossos comportamentos. "Só dei uma mordida naquele hambúrguer na hora do almoço, por isso posso comer mais purê de batata à noite" soa razoável. Mas esse é um pensamento válido? Não, se naquela mordida você consumiu metade do sanduíche e a porção extra do purê levá-la a exceder seu limite de calorias. "Odeio quando meu marido traz pizza para casa. Não tenho força de vontade para resistir": esse tipo de pensamento é verdadeiro? Não há mais nada que você possa fazer a não ser devorar a pizza e arruinar sua dieta? Se pensar bem, aposto que é capaz de imaginar uma dúzia de alternativas que podem ajudá-la a resistir à tentação, como comer um pedaço de pizza de rúcula, ou pedir ao seu marido para comprar uma brotinho em vez de uma pizza grande, ou caminhar longamente nesse dia para queimar as calorias extras dos pedaços que você comeu.

Transforme seus pensamentos

Uma vez que tenha identificado os pensamentos negativos que arruínam seus objetivos, será preciso substituí-los por pensamentos positivos e encorajadores. Toda vez que flagrar uma idéia negativa em sua mente, imagine o sinal de "parada obrigatória" ou diga a si mesma: "Pare!" Em seguida, substitua o pensamento autodestrutivo por uma idéia construtiva.

A estudante universitária Heloísa, por exemplo, sentiu-se tentada pelas batatas fritas de um colega e se flagrou pensando que merecia um bom punhado de batatas para compensar seu dia muito difícil. No momento em que estendia a mão para pegar uma batatinha, disse a si mesma:

"Pare!" Imediatamente, substituiu esse pensamento negativo por "Mereço comer alimentos de qualidade, que irão nutrir meu corpo e me ajudar a atingir meus objetivos. Prefiro comer as minicenouras que trouxe de casa, e não essas batatas cheias de calorias e gordura 'trans'".

Transforme pensamentos positivos em mantras, para repetir a si mesma ao longo do dia. "Minha saúde está melhor a cada dia" ou "Emagrecer está ao meu alcance" são mensagens para recitar em sua mente enquanto você espera em uma fila, dirige para o trabalho ou se prepara para dormir. Escreva seus mantras preferidos em pedaços de papel e os afixe no espelho, na geladeira, no computador, no painel do carro ou onde mais você os possa ler várias vezes por dia. Escolha mensagens que tenham significado especial para sua vida e que sejam opostas ao diálogo interior autodestrutivo que costumava manter em sua mente no passado.

Exercícios físicos: nem tudo, nem nada

Você fica ofegante só de subir um lance de escada? Fica mais cansada que o normal ao fazer as compras do supermercado? Sente rigidez muscular pela manhã? Cansaço no final do dia? Cuidar do jardim deixa seus músculos doloridos por dias? Se você respondeu sim a essas perguntas, é bem provável que esteja fora de forma, ou seja, você não está conservando seus músculos e juntas, exercitando-os regularmente.

A partir dos 30 anos, perdemos aproximadamente 1% de massa muscular a cada ano, o que equivale a uma perda de 2 a 5 quilos de músculos a cada década. Essa perda em geral não é notada até por volta dos 40 anos, quando você começa a perceber que, para certas tarefas, é preciso usar as duas mãos em vez de uma só ou quando passa a preferir o elevador mesmo para subir um só andar.

Se você não começar a cuidar de sua forma física agora, irá assistir aos quilos se acumularem, ao envelhecimento chegar antes da hora e ao risco de uma série de doenças aumentar. Manter a forma física reduz a incidência de doenças e aumenta a longevidade. Mulheres que continuam a praticar exercícios depois dos 50 anos têm a mesma condição física que mulheres sedentárias vinte ou trinta anos mais jovens. Quanto mais calorias uma mulher gasta em exercícios físicos a cada semana, maior é a sua probabilidade de viver mais e melhor, livre de doenças e com um peso adequado.

John Foreyt, da Faculdade de Medicina de Baylor, descobriu que as mulheres que mantêm atividade física regular são menos predispostas a recaídas. Em seus estudos, ele classificou as pessoas em três grupos: as

SUBSTITUA OS PENSAMENTOS NEGATIVOS

Diga adeus ao diálogo interior negativo e receba de braços abertos os pensamentos encorajadores que irão motivá-la positivamente.

Pensamento negativo: Perdi só meio quilo nesta semana. Desse jeito, nunca vou conseguir emagrecer.
Pensamento positivo: Meu processo de emagrecimento foi mais lento nesta semana, mas ele é constante e, assim, vou conseguir emagrecer desta vez.

Pensamento negativo: Não tenho uma hora inteira para ir à academia, por isso não posso fazer ginástica de jeito nenhum.
Pensamento positivo: Qualquer exercício é melhor do que nenhum. Faço quinze minutos de ginástica agora e mais quinze no final da tarde.

Pensamento negativo: Não acredito que comi aquele pedaço de bolo. Que droga! Não consigo fazer nada certo mesmo.
Pensamento positivo: E daí que comi um pedaço de bolo? Sei que pular o café-da-manhã me predispõe a comer doces, assim vou recomeçar amanhã mesmo a reservar cinco minutos para tomar uma tigela de cereais antes de sair de casa.

que fazem só dieta, as que combinam dieta e exercícios físicos e as que somente se exercitam. O grupo que faz apenas exercícios manteve o melhor peso e relatou uma elevada sensação de bem-estar. Por outro lado, Foreyt ressalta que a privação e as rígidas restrições observadas nos grupos que fazem dieta possivelmente contribuíram para o seu fracasso. A conclusão? "O melhor é investir seus esforços em uma alimentação saudável, combinada a um programa regular de exercícios, a se aventurar em rígidas dietas da moda, do tipo tudo ou nada", adverte Foreyt.

Pensamento negativo: Não posso preparar refeições saudáveis em casa porque meus filhos reclamam.
Pensamento positivo: Vou preparar uma comida bem saudável todos os dias e, de vez em quando, também vou oferecer às crianças seu prato predileto.

Pensamento negativo: Tive de cortar tantas calorias para emagrecer que chego a passar fome.
Pensamento positivo: Continuarei a controlar o tamanho das porções e a encher meu prato de legumes e verduras, até entender quantas calorias realmente estou consumindo. Sei que posso emagrecer e me sentir satisfeita ao mesmo tempo.

Pensamento negativo: Não posso comer à noite, senão todas as calorias se transformarão em gordura.
Pensamento positivo: O que importa é o total de calorias ingeridas durante o dia todo. Posso comer um lanche bem saudável à noite, desde que as calorias estejam dentro do meu limite diário.

Repito: exercícios físicos não comportam atitudes tudo ou nada. Você não tem de vencer uma maratona nem mesmo freqüentar uma academia. O que você precisa fazer é se movimentar por pelo menos 45 minutos vários dias por semana. Organize sua rotina de exercícios assim:

- Atividade aeróbica (como caminhada, natação ou corrida, por no mínimo quatro horas por semana)
- Condicionamento físico (como levantamento de pesos ou ginástica, pelo menos duas vezes por semana)
- Aquecimento e relaxamento (como alongamento, por cinco minutos antes e após os exercícios)

(*continuação*)

Pensamento negativo: Eu faria ginástica se tivesse mais tempo.
Pensamento positivo: Fazer ginástica é prioridade para mim. Vou arranjar tempo para isso todos os dias.

Pensamento negativo: Quando as pessoas dizem que estou ótima, penso: "Elas estão apenas sendo gentis. Eu estou horrível".
Pensamento positivo: Realmente estou ótima e vou ficar ainda melhor.

Pensamento negativo: Aquela garota é bem mais bonita que eu e é tão magra. Preciso emagrecer ainda mais.
Pensamento positivo: Faço ginástica todos os dias e como alimentos saudáveis. Desta vez, estou me dando muito bem com a dieta e com os exercícios. Sou o melhor que posso ser e me sinto bem com isso.

Pensamento negativo: Engordei um quilo nesta semana. Sou uma idiota.
Pensamento positivo: O peso pode variar por causa dos fluidos corporais. Esse quilo a mais pode não ser de gordura; mesmo assim, vou voltar a fazer um diário para ter certeza de que não estou exagerando na comida.

Faça da atividade física um momento de prazer. Se você gosta de se relacionar, caminhe em grupo, jogue tênis ou freqüente uma aula de aeróbica. Se precisa relaxar, ande de bicicleta ou leve seu cachorro para passear.

Aproveite sua vida

Você pode se esforçar para manter uma alimentação saudável ou para diminuir a sua cintura, mas o verdadeiro objetivo que você deseja alcançar é sentir-se bem e ser feliz. Encontrar o equilíbrio entre seus sonhos e a realidade é um processo contínuo, não uma obsessão. Em um

Pensamento negativo: Não posso comer doces. Eles vão direto para meus quadris.
Pensamento positivo: Posso comer pequenas quantidades de vez em quando. E aproveito bem cada mordida!

Pensamento negativo: Nunca mais vou comer *fast-food* nem carboidratos.
Pensamento positivo: *Fast-food* de vez em quando não me fará mal, e os carboidratos são importantes para fornecer energia ao meu corpo, principalmente se comer quantidades moderadas de alimentos saudáveis.

Pensamento negativo: Se eu morasse sozinha, não teria esse monte de comida ruim em casa.
Pensamento positivo: Tenho total controle sobre minha alimentação e decido o que vou comer e o que não quero comer.

estudo, 86% das mulheres admitiram que adiavam compras, namoro e até o sexo para depois de emagrecerem e atingirem seus objetivos. É triste dizer, mas muitas delas jamais chegam lá e perdem a oportunidade de viver plenamente. Por isso, não deixe sua vida de lado na esperança de, primeiro, perder os quilos extras. O tempo passa muito depressa e a vida é curta. Alimentar uma obsessão pelo peso ou pela saúde a ponto de deixar de aproveitar o presente pode tomar muito tempo de sua vida e a surpreender, aos 85 anos de idade, com a mesma preocupação de perder os últimos dois quilos. Que absurdo, não é mesmo?

Aceite a si mesma. Melhor: comemore a pessoa que você é! Permita-se não ser perfeita. Respeite suas fraquezas e, gentilmente, procure melhorá-las. Permita-se ter prazer na vida. Fale consigo carinhosamente. Ajude-se a levantar quando cair e alegre-se com suas vitórias.

Passos simples, grandes resultados

- Não sabote seus objetivos e suas melhores intenções de ser saudável e emagrecer.
- Assuma a responsabilidade por sua vida e por sua saúde.
- Concentre-se em passos simples para alcançar seus objetivos.

Essas três mensagens são a solução para qualquer armadilha que venha a interferir em seus planos. Muitas vezes, somos nossas piores inimigas: dizemos que queremos emagrecer, comer melhor ou ter mais energia e, apesar disso, continuamos a roubar comida do prato dos outros, a inventar desculpas para não fazer exercícios, a culpar os outros por nossos fracassos ou a embarcar na última dieta da moda. Tudo isso nos afasta de nossos objetivos.

Os dez hábitos discutidos neste livro são sutis, muitas vezes invisíveis. Por sua causa, começamos uma dieta atrás da outra e fracassamos sempre. Então, culpamos nossa falta de força de vontade, ou lamentamos que nada dá certo, quando são esses hábitos sutis a verdadeira razão de nossos repetidos insucessos.

Viver com mais saúde exige uma mudança de prioridades. Uma mulher jamais deixará de comer pelo emocional se, para ela, enterrar os sentimentos com comida for uma prioridade. Aquela mulher que coloca as necessidades dos outros acima da própria vontade terá dificuldades para comer com consciência. Entrar na roda-viva das dietas da moda, conseguir emagrecer e depois engordar tudo de novo será a eterna sina da mulher que deseja uma solução rápida. Outra provavelmente irá lutar de modo inglório para perder algum peso, apesar de manter uma alimentação saudável, se não desistir das grandes porções ou de seu refrigerante diário.

Por outro lado, quando a saúde é uma prioridade, as mulheres se exercitam com regularidade e se alimentam bem, abandonam o fumo e aprendem a lidar com o estresse. Uma mulher irá se dedicar à família e cuidar de todos se eles forem sua prioridade. Ela irá ao dentista se seus dentes e seu sorriso forem prioridades. Ela também adotará hábitos alimentares saudáveis se emagrecer e manter um peso adequado forem prioridades em sua vida.

Acredito que a saúde é a prioridade número 1 para uma vida plena. Como Barbara Cartland, autora inglesa, disse uma vez: "Considero-me

MEUS OBJETIVOS

Imagine e descreva abaixo como será um dia perfeito em sua vida daqui a cinco anos. O que você estará fazendo? Como estará passando seu tempo e com quem? Qual será sua aparência, como se sentirá e o que pensará? Como estará sua saúde? Você será uma pessoa ativa? Ao descrever sua projeção, seja específica e realista. Esta é uma fantasia, mas também uma oportunidade de visualizar como você transformaria essa fantasia em realidade.

____

____

____

____

____

____

uma especialista em amor, sexo e saúde. Sem saúde, podemos ter muito pouco dos outros dois". Evidentemente, saúde é muito mais que ausência de doença; é a liberdade de viver a vida em toda a sua potencialidade.

O fato de você estar lendo este livro indica que quer fazer da sua saúde uma prioridade. Porém, quanto isso é prioridade em sua vida hoje? Pare um instante para refletir sobre o assunto. Use o formulário *Meus Objetivos*, neste capítulo, para deixar claro como você harmonizará sua saúde e sua aparência com sua vida. Você só investirá tempo e esforços para mudar um ou dois hábitos se a saúde e o peso adequado encabeçarem sua lista de prioridades.

É possível que você descubra que saúde não é a sua prioridade neste momento. Outras preocupações podem ser mais importantes ou urgentes para você agora, como trabalhar e cuidar de filhos pequenos, mudar

A partir da projeção descrita acima, identifique cinco prioridades em sua vida, como família, saúde, trabalho, lugar em que mora, casa ou passatempos.

1. ______________________________
2. ______________________________
3. ______________________________
4. ______________________________
5. ______________________________

Você investe tempo nessas prioridades hoje? Se sim, como você as incorpora em seu cotidiano? Se não, desenvolva um plano para incluí-las em sua rotina diária e semanal. O que você precisa mudar em sua vida hoje para aproximá-la de tudo o que é mais importante para você?

de emprego ou de cidade etc. Para não se sobrecarregar, deixe a saúde em segundo plano por enquanto, até que sua vida volte a se estabilizar. Então, reexamine suas prioridades. Entretanto, se sua pressão sangüínea ou seu colesterol estiverem elevados, se estiver bem acima do peso adequado ou se outros problemas de saúde a impedem de viver bem, a saúde precisa estar em primeiro lugar em suas prioridades *agora*.

Antes de iniciar qualquer plano, responda ao questionário *Está na hora de fazer uma mudança?* para verificar quanto se sente determinada a desenvolver novos hábitos neste momento.

A tática do salame: passos simples

Viver saudavelmente não exige tempo extra. Na verdade, trata-se de usar seu tempo de maneira mais eficaz. As mulheres que fazem da saúde uma prioridade organizam seus dias de modo a reservar tempo suficiente para fazer ginástica, preparar um jantar saudável para a família ou um prato vegetariano para levar a uma festa. Elas agendam sessões na academia, mantêm a despensa cheia de alimentos saudáveis e seguem a tática do salame.

A tática do salame funciona assim: mesmo os mais ardentes apreciadores da iguaria provavelmente não conseguiriam comer um salame inteiro, de 30 centímetros, de uma só vez. Por outro lado, qualquer um pode comê-lo todo, dividindo-o em centenas de fatias finas e saboreando uma ou duas todos os dias. Como diz o ditado: "Você pode comer um elefante com uma mordida de cada vez".

Organizar-se significa abordar seus objetivos de saúde de longo prazo como se fossem um salame. Divida-os em pequenos e simples passos que, ao longo do tempo, levarão a importantes mudanças em sua alimentação, em sua atividade física e em sua aparência. A cada passo dado, você se sentirá tão bem que nem pensará em voltar atrás.

Centenas de passos simples são sugeridos ao longo deste livro. Você é a pessoa mais adequada para saber quais irão funcionar no seu caso.

Você pode vir a descobrir que come em excesso quando está cansada e que tomar uma tigela de cereal integral em vez de uma xícara de café pela manhã é um passo simples que pode ajudá-la a curar o "comer emocional". Da mesma forma, tomar um prato de sopa antes de uma festa pode ser um passo simples que a ajudará a resistir à tentação de comer demais em eventos sociais.

Coloque um ponto final no hábito de comer sem pensar e talvez você descubra que aqueles dois quilos extras que tinha simplesmente sumiram. Use a escada no lugar do elevador, inclua uma porção a mais de legumes em sua dieta, guarde alimentos tentadores em armários difíceis de alcançar, segure um copo de água em sua mão dominante quando for a festas para não beliscar, ou divida o prato principal com outra pessoa quando comer em restaurantes. A *Pirâmide dos Hábitos Saudáveis*, apresentada neste capítulo, resume e organiza os hábitos que irão ajudá-la a atingir qualquer objetivo saudável.

Combinar alguns passos simples com outras atividades do seu dia-a-dia tornará tudo ainda mais fácil e prazeroso. Quando andar de bicicleta com uma amiga, você estará ligando exercícios e amizade. Da mesma maneira, você pode caminhar com um colega de trabalho para discutir um projeto em vez de ficar sentada numa mesa para realizar a mesma tarefa. Pregue um botão em uma roupa, arrume fotografias em um álbum ou caminhe na esteira enquanto assiste à televisão; assim, você faz suas tarefas, vê seu programa favorito e evita comer sem pensar. Aproveite o domingo para planejar as refeições da semana inteira e também a lista de compras. Então, vá ao supermercado uma só vez e poupe horas e estresse.

Permaneça confiante no seu processo de mudança de hábitos. Em vez de pensar no que você não pode comer, concentre-se no que você pode comer. Isso significa misturar morangos ao iogurte, acrescentar brócolis ao macarrão ou começar uma refeição pela salada. Se você come muito depressa, prepare pratos que exijam maior tempo para serem consumidos, como um caldo quente, alimentos picantes ou alcachofra.

O objetivo maior

Em uma escala maior, cuidar de si mesma significa que você terá mais disposição, mais alegria, mais saúde e uma vida mais longa. Você terá mais facilidade em manter o peso, diminuir o risco de doenças, melhorar a memória à medida que envelhece, e ter um humor brilhante. Você pode até parecer mais jovem!

O que uma boa saúde ou um peso adequado podem trazer para a sua vida? Depois que você parar de cair em uma ou mais dessas dez armadilhas e conseguir ficar em forma, quais serão seus objetivos de vida? Reserve alguns minutos para registrá-los no formulário *Meus objetivos de vida* no final deste capítulo. Eles podem ajudá-la a manter a motivação para seguir seu plano alimentar até o fim.

ESTÁ NA HORA DE FAZER UMA MUDANÇA?

Saúde ou emagrecimento podem estar no topo de sua lista de prioridades. Mas esta é realmente a melhor hora para mudar de hábitos? Seguindo a escala de 1 a 5 (1 = de nenhum modo, 5 = mais do que nunca), responda a este questionário:

1. Comparando com tentativas anteriores de fazer dieta, quanto você se sente motivada para persistir até o final desta vez?
2. Sente-se determinada a mudar um hábito agora e mantê-lo até alcançar seus objetivos de saúde?
3. Mudanças de hábitos de longo prazo exigem muito esforço. Quanto tempo e esforço você está disposta a investir para alcançar seus objetivos?
4. Mudar qualquer hábito é um processo demorado e gradual. Para perder gordura de maneira permanente, você deve emagrecer não mais que um quilo por semana. Seus objetivos de emagrecimento são realistas?

Durante meus 25 anos de trabalho no campo da Nutrição, tenho tido a oportunidade de ajudar centenas de pessoas, com um passo de cada vez, a melhorar seus hábitos alimentares. Sempre fico impressionada ao ver quanto um corpo retribui o pouco cuidado que recebe. Alimente-o corretamente e o movimente mais, e ele oferece um retorno dez vezes maior. Coma bem: o investimento compensa! Após seguir algumas sugestões deste livro, toda mulher diz: "Nunca pensei que poderia me sentir tão bem assim!".

Como disse Hugh Mullegan, correspondente da Associated Press: "O que faço hoje é importante porque estou trocando um dia da minha vida por isso". Meu desejo é que você desenvolva hábitos saudáveis para que possa passar cada momento do seu precioso tempo na Terra com ótima saúde, livre e aberta para abraçar a vida em sua plenitude.

5. Para mudar seus hábitos, poderá contar com o apoio de amigos, familiares, colegas de trabalho e outras pessoas importantes em sua vida?
6. Aprender novos hábitos é como aprender qualquer nova habilidade: exige tempo. Você dispõe de tempo para fazer mudanças permanentes em sua vida?

Resultado:

Menos de 17 pontos: Reflete uma baixa motivação para uma mudança de hábitos e uma alta probabilidade de fracasso. Espere algumas semanas e faça o teste outra vez.
De 17 a 23: Reflete um compromisso moderado para uma mudança de hábitos, mas é preciso ter mais motivação.
Mais de 24 pontos: Reflete alta motivação. Esta pode ser a melhor hora para mudar um mau hábito.

PIRÂMIDE DOS HÁBITOS SAUDÁVEIS

A área na base da *Pirâmide* indica os passos que devem ser traçados no início de sua jornada, seguidos por sugestões diárias assinaladas na área central e, no alto, orientações para aprimorar seu plano alimentar. Todas as indicações equivalem em importância; por isso, escolha as que melhor se ajustarem ao seu estilo de vida e concentre-se nelas ao planejar seu programa para uma vida mais saudável.

Aprimore seu plano:
Alimente-se regularmente.
Atenção ao comer fora.
Corte o aumento de peso pela raiz.
Reduza calorias extras do açúcar e da gordura.
Pense antes de beber (bebidas também têm calorias!).

O plano diário: prática, prática, prática:
Coma com consciência.
Mantenha a motivação.
Peça apoio.
Exercite-se por no mínimo 45 minutos.
Coma apenas quando sentir fome física.
Transforme pensamentos negativos em positivos.
Adote uma dieta pobre em gordura e rica em fibras, com verduras, frutas, grãos integrais, leguminosas e laticínios desnatados.
Controle seu progresso escrevendo um diário, observando o tamanho das porções e planejando ações.
Escolha seus alimentos; não permita que outros escolham por você.

O pré-plano de seis passos para o sucesso:
Acredite que você pode ser bem-sucedida.
Aceite que não existem soluções rápidas.
Reconheça que não será fácil.
Assuma a responsabilidade: seja honesta.
Não se desculpe.
Defina objetivos realistas (desenvolva um plano para toda a vida).

PASSOS SIMPLES

Faça dos muitos passos simples sugeridos ao longo deste livro seus hábitos regulares. Por exemplo:

- Torne o exercício uma atividade prazerosa. Ouça música, passeie com o cachorro, leia um livro na esteira ou varie a prática ao ar livre, de acordo com a estação.
- Inclua duas frutas ou legumes e verduras em cada refeição e uma em cada lanche. Dessa forma, você irá preencher sua cota de cinco a nove porções por dia, sentir-se satisfeita e, automaticamente, reduzir a gordura e as calorias.
- Faça uma pequena pausa a cada hora no trabalho: se você não tem tempo para se exercitar, de hora em hora faça uma caminhada acelerada de 5 minutos em volta do escritório. Após oito horas, você terá acumulado 40 minutos de atividade física.
- Coma regularmente. Se você pular uma refeição para economizar calorias ou para compensar a gula da noite anterior, ficará mais predisposta a comer em excesso ao longo do dia.
- Escove os dentes após as refeições. Isso sinaliza para o corpo que você terminou de comer e ajuda a controlar a vontade por sobremesa.
- Desligue a televisão. As horas na frente da TV são diretamente proporcionais ao aumento de peso. Saia para caminhar, ande na esteira, lave roupa ou pinte a sala.
- Diga não. Ouça seu corpo e coma apenas quando estiver com fome, e não porque a comida está na sua frente ou porque alguém a ofereceu.
- Coma devagar; assim, seu estômago terá tempo para fazer a digestão e avisar o cérebro que está satisfeito.

- Beba primeiro. Muitas vezes, confundimos sede com fome, devoramos sorvete quando é água que o nosso corpo quer. Tome um copo de água e espere 15 minutos antes de comer qualquer coisa. Você pode descobrir que a fome passou.
- Desafie-se. Acelere a sua caminhada gradativamente, suba uma ladeira.
- Seja esperta. Faça seus exercícios logo pela manhã, assim você não passa o resto do dia inventando desculpas de que não pode se exercitar.
- Torne-se uma especialista. Aprenda a ler os rótulos e compre produtos que não contenham mais que 3 gramas de gordura para cada 100 calorias (ou aproximadamente 30% de calorias de gordura).
- Embrulhe para viagem. Em muitos restaurantes, as porções são bem grandes. Leve metade da comida para casa e garanta o almoço do dia seguinte.
- Recuse as sobremesas *light*. Grama por grama, muitos doces sem gordura têm tantas calorias quanto suas versões normais.
- Coma menos. Reduza em um quarto o tamanho das porções de todos os alimentos, exceto os legumes, verduras e frutas.
- Relacione-se com praticantes de esportes.
- Lembre-se de contabilizar as calorias das bebidas, especialmente os drinques, refrigerantes e sucos de frutas.
- Lembre-se de que cada colherinha conta. Uma colher de sopa de maionese em um sanduíche de peito de peru, por exemplo, não parece muito, mas, ao longo de um ano, a maionese de todo dia equivale a 4,8 quilos de gordura corporal a mais.
- Não pense que você pode queimar tudo o que come com exercícios físicos. As calorias de um *milk-shake* equivalem a uma hora de corrida.

(*continuação*)

- Durma bem. Quando está cansada, você fica mais predisposta a comer em excesso e, pior, alimentos inadequados (balas, chocolate, açúcar, cafeína).
- Compre um contador de passos. Esse pequeno instrumento é um grande estímulo para aumentar o número de passos que você dá todos os dias.
- Tome o café-da-manhã. As pessoas que se alimentam bem de manhã são menos predispostas a comer demais durante o dia. Um café-da-manhã saudável requer apenas cinco minutos do seu tempo e é tão simples como suco, fruta e cereal.
- Carregue a sua comida quando sair de casa. Prepare um lanche para cada quatro horas. Abasteça sua bolsa, o porta-luvas do carro ou a gaveta de sua escrivaninha com laranjas, maçãs, iogurte, biscoito integral e outros petiscos saudáveis.
- Divida o seu prato em quatro partes. Encha três quartos com legumes, grãos, feijão e frutas e um quarto com carnes extramagras ou laticínios desnatados. Em outras palavras: coma três garfadas de vegetais para cada garfada de carne ou derivado de leite.
- Beba água. Encha uma garrafa com sua cota diária de seis a oito copos de água e tome um copo a cada uma ou duas horas. Assim, você controla o apetite e possivelmente até a gula noturna.
- Corte 100 calorias por dia. Emagreça meio quilo por mês simplesmente substituindo a barra de chocolate por uma laranja e uma banana ou a 1/2 xícara de brócolis ao molho de queijo por 1/2 xícara de brócolis ao vapor.
- Tome um suplemento vitamínico. Sua necessidade diária de vitaminas e minerais permanece sempre a mesma, não importa quantas calorias

você ingere. Um complexo de vitaminas e minerais fornece os nutrientes adequados para compensar eventuais carências alimentares.

- Preocupe-se com sua saúde, não com sua cintura. Quando você se alimenta pensando em sua saúde, automaticamente está adotando a melhor dieta do mundo para emagrecer.
- Poupe tempo. Compre verduras e legumes embalados e pré-cortados para agilizar a salada, minicenouras para o cozido e pastas de queijo *light* para usar como molhos; cozinhe legumes congelados ao vapor para o jantar.
- Elimine ou limite o álcool. Bebidas alcoólicas estimulam o apetite e enfraquecem sua força de vontade. Limite o consumo de vinho, cerveja ou outras bebidas a ocasiões especiais. Sirva essas bebidas em copos pequenos e intercale seu consumo com bebidas não-calóricas.
- Livre-se das tentações. Se o bolo ou aqueles doces caseiros são uma tentação constante para você, livre-se deles... agora! Ofereça-os a um vizinho, leve-os para os amigos do escritório ou jogue-os fora.
- Diversifique o feijão. Saladas e sopas ficam mais nutritivas e saciam por mais tempo se você acrescentar ao seu preparo um pouco de feijão-branco, 90 gramas de peito de frango grelhado ou outros alimentos nutritivos.
- Adoce com especiarias. Use canela, noz-moscada e baunilha em vez de açúcar para dar um sabor especial a sobremesas, tudo sem calorias.
- Feche o cardápio. Peça ao garçom para servir-lhe opções com baixas calorias, como legumes cozidos no vapor, frango ou peixe grelhado ou salada verde ou de tomates. Prefira sopas, saladas e entradas com baixos teores de gordura e evite os pratos principais.

(*continuação*)

- Coloque mais tempero em sua comida. Dê mais sabor aos alimentos acrescentando temperos picantes ao frango, ervas à omelete ou curry aos molhos. Experimente pratos exóticos da cozinha tailandesa, chinesa ou indiana.
- Mantenha-se ocupada. Costure, faça as unhas, arrume uma gaveta ou se exercite sempre que sentir aquela vontade de comer sem razão e fora de hora.
- Coma apenas quando sentir fome de verdade e pare de comer no momento em que se sentir saciada.
- Em festas, coma somente os alimentos de que realmente gosta.
- Limpe a despensa. Livre-se de comida sem valor nutritivo, como salgadinhos e refrigerantes.
- No supermercado, compre apenas o que estiver em sua lista para minimizar as compras por impulso.
- Saboreie uma tentadora e deliciosa sobremesa no máximo uma vez por semana, e não todos os dias.
- Substitua pão e arroz branco por pão e arroz integral.
- Prefira espinafre, escarola ou alface romana a alface americana.
- Dobre o melhor. Dobre o tamanho das porções de todos os vegetais.
- Substitua o leite integral por leite semidesnatado, poupando 40 calorias em cada porção.
- Limite o consumo de *fast-food*, como hambúrgueres, batatas fritas e frango frito, a uma vez por semana, no máximo.
- Em restaurantes, peça os molhos para salada à parte. Mergulhe o garfo no molho e depois na salada. Use apenas 10% do molho.

MEUS OBJETIVOS DE VIDA

Relacione pelo menos dez coisas que você sempre quis fazer. Depois, classifique cada uma delas usando uma escala de 1 a 5, em que 1 corresponde a "totalmente possível" e 5 corresponde a "totalmente impossível". Por exemplo, minha lista inclui aprender a pilotar um avião e morar em Nova York. Classifico o objetivo de pilotar como 2, pois não há nada que me impeça de realizá-lo, exceto economizar o dinheiro necessário. Já o objetivo de viver em Nova York é 5 por agora, até que meus filhos cresçam; mas essa classificação pode melhorar daqui a alguns anos, se eu ainda tiver saúde para enfrentar a mudança. Crie sua lista e classifique cada item. Em seguida, escolha um ou dois objetivos que receberam classificação 1 ou 2 e planeje como irá realizá-los no futuro próximo.

Eu sempre quis:	**Classificação (1 a 5)**	**Meu plano para realizá-lo:**
______________	__________	________________
______________	__________	________________
______________	__________	________________
______________	__________	________________
______________	__________	________________
______________	__________	________________
______________	__________	________________

BIBLIOGRAFIA SELECIONADA

BROWNELL, Kelly. *Food fight: the inside story of the food industry, America's obesity crisis, and what we can do about it*. New York: McGraw-Hill, 2003.

_________. *The Learn Program for Weight Management 2000*. Dallas: American Health Publishing, 2000.

FLETCHER, Anne. *Thin for life: 10 keys to success from people who have lost weight and kept it off*. Boston: Houghton Mifflin, 2003.

HILL, James. *The step diet: count steps, not calories, to lose weight and keep it off forever*. New York: Workman Publishing, 2004.

MELLIN, L. *The solution: six winning ways to permanent weight loss*. New York: Regan Books, 1997.

NASH, J. *Maximize your body potential: 16 weeks to a lifetime of effective weight management*. Palo Alto: Bull Publishing, 1986.

NELSON, M. *Strong women eat well*. New York: G. P. Putnam's Sons, 2001.

ROLLS, Barbara. *The volumetrics eating plan*. New York: Harper Collins, 2005.

ROLLS, Barbara; BARNETT, R. *Volumetrics: feel full on fewer calories*. New York: Harper Collins, 2000.

SATTER, E. *How to get your kid to eat... but not too much*. Palo Alto: Bull Publishing, 1987.

SOMER, Elizabeth. *Nutrition for women*. 2. ed. New York: Owl Books, 2002.

_________. *The origin diet*. New York: Owl Books, 2001.

_________. *Food & mood*. 2. ed. New York: Owl Books, 1995.

SOMER, Elizabeth; WILLIAMS, J. *The food & mood cookbook*. New York: Owl Books, 2004.

STUART, R.; JACOBSON, B. *Weight, sex, and marriage*. New York: W. W. Norton & Co., 1987.

Este livro foi impresso
pela Prol Gráfica em
papel *offset* 75 g.